일하는 사람을 위한 철학

STOIC AT WORK

: Ancient Wisdom to Make Your Job a Bit Less Annoying

First published in 2023 in English by Murdoch Books, an imprint of Allen & Unwin
Text copyright © Annie Lawson 2023
All rights reserved.

Korean translation rights arranged with Murdoch Books through ALICE Agency, Seoul.
Korean translation copyright © 2025 by FRONTPAGE

나를 소모하지 않고 내면의 힘을 키우는 스토아 철학 안내서

일하는 사람을 위한 철학

애니 로슨 지음
박지선 옮김

프런트페이지
FRONTPAGE

일러두기

- 이 책에서 드라마, 영화 제목은 홑화살괄호(〈 〉), 단행본, 잡지, 신문은 겹화살괄호 (《 》) 안에 표시하였습니다.

- 본문의 괄호 안 글 중 독자의 이해를 돕기 위해 옮긴이가 덧붙인 글은 '―옮긴이'로 표시하였습니다. 이 표시가 없는 글은 저자의 글입니다.

- 인명은 국립국어원 한국어 어문 규범의 외래어 표기법을 따랐으며 이곳에 포함되지 않은 인명은 되도록 원지음을 따랐습니다.

성공한 전문직 여성이자
매사에 거침없고 지루한 사람은 용납하지 않는
나의 어머니 엘리자베스 로슨에게 이 책을 바칩니다.
더불어 영국 출신 사업가이자
어린 제게 〈블랙애더〉,〈폴티 타워스〉,〈아빠 부대Dad's Army〉 등
전쟁터 같은 일터를 코믹하게 그린 드라마를 보여준
이제는 고인이 되신 나의 아버지 데이비드 로슨에게도
이 책을 바칩니다.

차례

서문   010

1부   눈치와 말로 싸우는
        현대 전쟁터에서 살아남는 법

01 · 뭐라도 하면 결국 뭐라도 해낸다   029
02 · 게으를 거라면 전략적으로 게으르기   034
03 · 괜히 어려운 말 쓰지 않기   039
04 · 듣는 사람을 의도적으로 헷갈리게 하지 않기   044
05 · 계속 고민하는 것보다 일단 결정하는 게 낫다   049
06 · 마지막이라고 생각하면 결과가 달라진다   054
07 · 통제 가능한 현재에 집중할 것   060
08 · 일의 행복은 지루함과 두려움 사이에 있다   064
09 · 우주처럼 넓은 관점에서 보기   069
10 · 일상을 꾸리는 원동력, 자제력   074
11 · 사람은 원래 짜증 난다는 사실 받아들이기   080
12 · 한층 더 짜증 나는 상사를 만난다면   087
13 · 잘 그만두는 기술   094

2부 마르쿠스 아우렐리우스처럼 위기 다스리기

14 · 정중한 거절을 위한 용기가 필요하다　105

15 · 아첨하는 사람을 만난다면　110

16 · 뜻밖의 궤도 이탈에 대비하기　116

17 · 불편한 상황에 반응이 아닌 대응하기　121

18 · PPT와 엑셀이 나를 괴롭힐 때　126

19 · 불필요한 회의에 대처하는 법　131

20 · 돌이킬 수 없는 실수를 저질렀을 때　136

21 · 역경의 달인으로 거듭나기　141

22 · 자의식도 관리가 필요하다　147

3부 내 마음 같지 않은 사람들과 잘 지내는 법

23 · 다른 사람을 헐뜯고 싶어질 때　155

24 · 부정적 피드백을 대하는 현명한 태도　161

25 · 더 많이 듣고 더 적게 말할 것　166

26 · 호감을 주되 지나칠 필요는 없다　171

27 · 나를 드러내되 너무 솔직하지는 말기　175

28 · 참조를 무기 삼지 말 것　181

29 · SNS에 일과 관련된 자랑하지 않기　186

30 · 직장 내 빌런 대처법　190

31 · 팀워크를 위한 행사에 참여해야 할 때　195

32 · 나와 타인을 즐겁게 하는 일　199

4부 나를 소모하지 않는 생각법

33 · 불안이 생각에 기름을 부을 때   209

34 · 신경 쓰되 신경 쓰지 않기   214

35 · 불평은 헛된 취미일 뿐이다   218

36 · 비판에 상처받지 않는 법   223

37 · 일 너머의 의미와 목적 생각하기   228

38 · 지나친 기대는 허상에 가깝다   233

39 · 변화를 두려워하지 말 것   239

40 · 실수는 누구나 한다   244

5부 사소하지만 중요한 이야기

41 · 나만의 사이드 프로젝트 만들기   251

42 · 기본 에티켓을 지키는 프로의 자세   257

43 · 어질러진 책상은 정신을 산만하게 한다   262

44 · 무슨 옷을 입을지 정하는 것의 의미   267

45 · 과도한 음주를 피해야 하는 철학적 이유   272

46 · 몸을 깨끗이 하는 일에 관하여   277

47 · 무엇을 어떻게 먹을지도 생각하기   281

48 · 상사와 적당한 거리 두기   286

49 · 만일 복권에 당첨된다면   290

감사의 말   295

주   299

"새벽에 일어나기 어려울 때는 자신에게 이렇게 말하라.
인간으로 존재하기 위해 일하러 가야 한다.
내가 태어난 소임을 해야 한다.
혹시 나라는 인간은
이불 속에서 웅크리고 있으려고 만들어진 것일까?"

_마르쿠스 아우렐리우스, 《명상록》 제5권 1절

❖ 서문 ❖

일주일 중 화요일은 최악이다. 화요일에는 좋은 일이라고는 일어나지 않는다. 업무 다이어리는 내게 온종일 회의가 꼬리에 꼬리를 물고 이어질 것이라고 경고한다. 그 와중에 이사회 보고서 마감일도 다가오고 있고 윤리 및 규정 준수 교육 프로그램도 이수해야 한다. 또 구매팀 론다는 스프레드시트 오류 때문에 계속 전화를 걸어온다. 이런 상황을 버티게 하는 희망은 금요일 퇴근 후의 술자리에 대한 기대감뿐이다. 일터의 최전방에서 겪은 끔찍한 일을 다 같이 떠들어 대겠지. 그렇게 와인 몇 잔을 마시다 보면 평생 죽을 때까지 일해야 한다는 사실이 떠올라 실존적 절망에 빠지게 된다.

어떤 이들은 생계를 위해 돈 안 되는 꿈을 포기하고 매일 출근해 돈을 벌어야 하는 현실을 살아간다. 지금 하는 일이 입는 옷, 점심 먹는 때, 휴가 시기를 결정한다는 사실에 약간 화가 난다. 그럼에도 매일 이 일을 되풀이할 수밖에 없다는 사실에는 조금 더 분노한다. 꿈꾸던 일을 하는 사람들도 급여는 꿈꾸던 액수가 아니라고, 그래서 업무를 넘길 로봇이 개발되면 다른 일을 찾아보겠다고 이야기한다.

자기 일을 정말 좋아한다고 말한 인물은 닐 게이먼 원작 넷플릭스 드라마 〈샌드맨〉의 등장인물 '죽음'이 유일한 것 같다. 죽음은 이렇게 말했다. "좋아하는 일을 직업으로 삼지 못한 사람이 많지. 그래서 난 정말 운이 좋다고 생각해."

일하면서 종종 답답해지는 이유는 주어진 선택의 폭이 넓지 않아서다. 우리는 내 삶이라는 배를 직접 조종하는 대신 다른 사람의 회사를 물에 띄우려고 안간힘 쓰는 갑판원이 된다. 이 때문에 일이라는 컨베이어 벨트에 올라탄 누구나 사기가 꺾이는 경험을 한다. 또 애초에 일이라는 시스템은 우리가 행복해지도록 설계되지 않았다. 일은 우리의 기분에는 무관심하고 우리가 이룬 성과에만 보상을 지급하도록 설계되었다. 그렇지 않고서야 이렇게까지 힘들고 지루할 리도 없다.

"회사에는 차에 불이 나도 구하고 싶지 않은 사람들도 있어. 내일 출근하느니 죽는 게 낫지"라고까지 말한 직장 동료도 있었다. 학부모 모임에서 만난 어떤 사람은 일하다가 무릎이 부러졌는데도 업무 회의 때문에 당장 병원에 가지 못하고 여러 직원에게 전화부터 해야 했다고 했다. 또 응급실 간호사인 친구는 환자들이 하도 소리를 질러대서 진절머리가 난다고 했다. 하이힐을 신고 출근하느라 생긴 물집에 붙일 반창고 값을 벌기 위해 일한다고 말한 사람도 있었다. 나는 양말만큼 자주 사라지는 것만 같은 휴대폰 충전 케이블을 사려고 일한다.

교육·보건·건설·응급 서비스 분야의 비사무직 종사자들도 나름대로 불만이 있다. 이 분야에서 일하면 매일 누군가의 안전과 직결되는 중대한 결정을 내려야 하는 데다가 짜증 내는 사람들, 감당할 수 없을 정도로 많은 업무량, 목적 없는 각종 회의와 씨름해야 한다. 이들에 비하면 사내 정치를 불평하는 우리는 얄팍한 투덜이일 수도 있다.

또 한 가지 일의 괴로운 점은 무엇이든 열심히 잘해내겠다는 마음가짐을 매일 태도로 보여야 한다는 것이다. 대중

일하는 사람을 위한 철학

교통을 타고 출퇴근하는 일도 만만찮게 괴롭다. 지하철에서 휴지도 없이 콧물을 흘리는 사람, 질벅질벅 씹는 소리를 내며 바나나를 먹는 사람, 저녁에 치킨을 먹을까 파스타를 먹을까 같은 시답잖은 고민을 이야기하며 큰 소리로 통화하는 사람 옆에 불편하게 서서 하루를 시작하고 마무리해야 한다. 물론 꽉 막힌 도로에 갇혀 기름값을 엄청나게 쓰면서 창문에 한 팔을 걸친 채 한 손으로 운전하는 사람들을 지적하고 싶은 충동을 억누르는 것도 비슷하게 괴롭다.

회사에 도착한 이후에는 어떨까? 키보드를 두드리는 소리와 뭔가를 씹어대는 소리가 크게 들려도 꿋꿋이 일을 해내려고 애쓰고 눅눅한 슈니첼 샌드위치와 테이크아웃 커피에 돈을 낭비한다. 어쩔 수 없이 공용 책상을 사용해야 하는 상황이라면 세균이나 바이러스에 노출될 확률도 급격히 증가한다. 게다가 성과 없는 잇따른 회의는 영혼을 갉아먹는다.

그렇게 하루를 보내고 퇴근해서 집에 가보면 먹을 것은 없고 빨래가 히말라야산맥처럼 높이 쌓여 있다. 누가 와서 집 안을 헤집어 놓은 모습이다. 이걸 본 나는 머리가 터질 것 같아서 소파에 주저앉아 한 손에는 술을, 다른 한 손에는 휴대폰을 들고 몇 시간 동안 멍하니 화면을 보면서 고통을 누그러뜨리려 한다.

전쟁터 같은 일터에서
덜 소모하고 더 단단해지기 위하여

일의 싫은 점을 찾기란 언제나 쉽고 일이 싫어지면 지금 처한 부정적인 상황의 원인을 일로 돌리기도 훨씬 쉬워진다. 고양이 똥을 밟아도 일 때문에 피곤하고 멍해서라고 생각하거나 땅콩잼 병뚜껑을 못 열어도 일 때문에 바빠 근력 운동할 시간이 없어서라고 말하는 것이다. 도로 정체 구간에서 누가 끼어들면 일 걱정하느라 정신이 사나워져서 저런 거라고 말하기도 한다.

그러나 세상만사가 그렇듯이 직장 생활도 가끔 재미있을 때가 있다. 나는 동료들과 함께 회의 중에 들었던, 있어 보이려고 사용하는 기업 용어를 자주 정리한다. 그중에는 '대폭 개선하라move the needle', '철저히 분석하라deep dive', '광폭 변화step change', 그리고 무시무시한 '접촉해 봐reach out'가 있다. 어느 동료는 "오늘 진정한 '패러다임의 변화'가 일어났습니다"라고 말하고는 본인이 무의식중에 상투적인 기업 용어를 내뱉었다는 사실에 경악했다.

일로 엄청난 변화를 만들어 이 세상에 긍정적으로 이바지할 수도 있다. 그러나 그런 일을 해내는 과정에도 긴장,

권력 다툼, 구성원 간 상충하는 우선순위가 존재한다. 전 미국 국방부 장관 도널드 럼즈펠드의 말을 빌리자면, 이 모든 것이 '알려지지 않은 불확실한 일unknown unknowns'이다.

가차 없이 밀고 들어오는 불확실한 일의 거센 영향력을 줄이기 위해 내가 찾아낸 나름의 방법은 동료들과 와인이나 맥주를 마시며 그에 대해 이야기하고, 모두가 느끼는 극심한 좌절감을 극복할 방법을 되는대로 떠올려 말해 보는 것이었다. 그러고 나서 그렇게 나눈 이야기에서 영감을 받아 직장이 아니라면 길에서 마주치기도 싫을 것 같은 사람들과 함께 일하는 현실에 대처하는 데 실질적인 도움을 줄 안내서를 작성하기 시작했다.

그러던 중 다니고 있던 회사의 CEO가 기조연설을 하는 행사를 준비하는 회의에 참석하게 되었다. CEO는 연설이 대박 나기를 바랐고 '중대 변화'를 모색하기 위해 요즘 세계적으로 어떤 문제와 기회가 있는지 논하고 싶어 했다. 우리는 회의를 통해 연설문 준비 계획을 논의하고 일정표를 작성한 뒤 업무를 분담했다.

그다음에 다른 회의에 참석했는데, 회의 장소는 이전 회의실과 다른 방이었지만 베이지색 벽지, 현대적인 예술 작품, 회전의자 등 실내 구성이 똑같았다. 둘러보니 회의 참석자도 이전 회의와 같았다. 우리는 우연의 일치에 신기해했고 서로 바라보며 미소 지었다. 이 회의에서는 고위 경영진이 기조연설을 하는 다른 행사에 관해 논의했다. 경영진은 현 상황을 '대폭 개선'하기 위해 전 세계 차원에서 어떤 과제와 기회가 있는지 말하고 싶어 했다. 우리는 이전 회의와 마찬가지로 프로젝트 계획을 논의하고 일정표를 작성한 뒤 업무를 분담했다. 다들 해봤던 과정이어서였는지 이 회의는 예상보다 6분 일찍 끝났다. 프로젝트 매니저가 의기양양하게 선언했다. "6분간 자유 시간입니다."

나는 다시 업무 다이어리를 확인했다. 점심 식사 직전에 회의가 또 있었다. '몇 분 뒤에 똑같은 사람들을 다시 만나는 것 아니야?' 생각했는데 진짜로 그랬다. 참석자들은 이제 회의실을 옮기는 게 무의미하다고 판단했다. 잠시 후 누군가가 '획기적인' 접근법이 필요하다고, 회의 과정을 '재구상'해야 한다고 말했지만 그게 뭘 의미하는지는 누구도 잘 알지 못했다. 나는 그저 매일 같은 사람들과 같은 것에 관해 이야기하고 있는 것은 아닐까 하는 불안을 느꼈다. '이러다가 죽을 때까지 회전문처럼 빙빙 도는 회의에 갇히는 게 아닐까⋯.'

"괜찮으세요?" 프로젝트 매니저가 물었다. 괜찮지 않았다. 나는 매니저에게 물었다. "이게 맞는 걸까요? 큰 틀에서

일하는 사람을 위한 철학

보면 중요하지도 않은 행사를 위해 지루하고 목적 없는 회의를 반복하면서 평생을 보내는 게 맞는 걸까요?" 직장에는 반드시 지켜야 하는 몇 가지 원칙이 있다. 그중에는 어기면 앞으로 일하는 데 문제가 생길 수 있는 절대 원칙이 하나 있는데, 바로 입이 가벼운 직장 동료에게 불평하지 말아야 한다는 것이다. 방금 내가 한 짓처럼 말이다.

삶의 고난을 돌파하는
스토아 철학의 지혜

그날 점심시간에 길 아래 서점에 가서 자기계발과 철학 분야 서가를 훑으며 힘을 얻을 만한 책을 찾아보았다. 《골치 아픈 사람 다루는 법》과 《회의에서 똑똑해 보이는 100가지 방법100 Tricks to Make You Appear Smarter in Meetings》 사이에 《명상록》이 있었다. 《명상록》은 고대 로마 황제이자 스토아 철학자였던 마르쿠스 아우렐리우스가 쓴 일기로, 자기계발서의 경전으로도 일컬어지는 책이다. 배우 아널드 슈워제네거는 물론이고 빌 게이츠와 워런 버핏 같은 재계 거물들이 스토아 철학의 힘을 믿고 실천했다는 사실을 알고 있었기에 나도 한번 시도해 볼 가치가 있다고 생각했다.

《명상록》을 펼쳐 한 자 한 자 읽어나가면서 깨달았다.
이 책이 스트레스 상황을 다스리는 데 근본적이고 실질적
인 도움을 주는 안내서임을, 그렇기에 직장 생활의 어려움
을 헤쳐나가는 데 도움을 주는 완벽한 지침서가 되어줄 것
이라는 사실을 말이다. 고대 스토아 철학자들은 전쟁, 질병,
해로운 사람들, 죽음 같은 고난을 다루는 법을 잘 알고 있었
기에 고생스러운 직장 생활에 필요한 지침을 줄 자격이 충
분했다.

스토아 철학의 창시자는 제논이다. 그리스의 성공한 상
인이었던 그는 부유했으나 기원전 304년경에 교역을 위해
항해하던 중 난파당해 거의 모든 것을 잃었다. 이런 그의 인
생은 냉소주의 철학자인 테베의 크라테스를 만나면서 달라
졌다. 크라테스는 엄청난 부를 물려받았지만 이를 포기하
고 아테네 거리에서 가난하게 살고 있었다. 제논은 그의 영
향을 받아 본질적인 삶을 추구하는 냉소주의 관념을 바탕
으로 덕을 쌓고 자연과 조화를 이루는 것이 마음의 평화를
얻는 최고의 방법이라고 주장하는 스토아주의를 주창했다.
그는 "난파로 고통받은 것이 내게는 오히려 번영으로 향하
는 항해였다"라고 말하기도 했다.

　　　　　　　　　　　　일하는 사람을 위한 철학

마르쿠스 아우렐리우스는 당시 세계에서 가장 막강한 지위였던 로마 황제로서 군림하며 스토아 철학을 국정 운영의 기틀로 삼았다. 그는 통치 기간 중에 군사적 충돌, 전염병, 훼방 놓는 사람들로 인해 많은 어려움을 겪었으나 철학적 지혜를 활용해 잘 헤쳐나갔다. 마르쿠스 아우렐리우스는 로마 시대 가장 유능했던 다섯 명의 황제 '오현제' 중 마지막 황제로 평가받는다.

당시 유명했던 스토아 철학자로는 마르쿠스 아우렐리우스 말고도 극작가이자 로마 황제 네로의 정치 고문 겸 멘토였던 루키우스 안나이우스 세네카가 있었다. 《스토아 철학자가 보내는 편지Letters from a Stoic》로 그를 알고 있는 이들도 있을 것이다. 생전에 그는 폐 질환 때문에 야망을 내려놓고 이집트에서 시간을 보내면서 글을 쓰고 책을 읽으며 회복에 전념할 수밖에 없었다. 세네카가 로마로 돌아온 지 10년이 지난 서기 41년, 클라우디우스 황제는 그를 코르시카섬으로 유배 보냈고, 세네카는 그곳에서 다른 이들과 자신을 위로하면서 불행을 면한 모든 사람을 안타깝게 여기며 이렇게 썼다. "그대는 저항 없는 삶을 살아왔다. 그렇기에 그대가 무엇을 할 수 있는지 아무도 알 수 없다. 그대 자신조차도."[1]

또 다른 스토아 철학자 에픽테토스는 서기 55년경에 노예로 태어나 많은 어려움에 부딪혔다. 폭력적이고 타락한 주인이 다리를 부러뜨리는 바람에 젊은 시절부터 평생 절 뚝거리며 살았는데, 그는 이것을 인격이 아닌 다리의 장애로만 바라보았다. 훗날 자유의 몸이 된 에픽테토스는 그리스에 철학 학교를 세웠고 영향력 있는 철학자가 되었다. 저서 《담론Discourses》에서 그의 통찰력을 엿볼 수 있다.

마르쿠스 아우렐리우스, 세네카, 에픽테토스 이 세 거장은 스토아 철학의 네 가지 덕목인 용기, 절제, 정의, 지혜를 모범적으로 실천했다. 우리가 이 네 가지 덕목을 생활 습관으로 만들 수 있다면 피할 수 없는 어려움으로 가득한 일이라는 세계를 정면으로 마주하는 데 도움이 될 것이다.

스토아 철학에서 가장 중요한 실천 사항을 하나만 꼽자면 '내가 바꿀 수 있는 것과 바꿀 수 없는 것을 구분하는 것'이다. 에픽테토스도 삶의 중요한 임무는 자신의 통제를 벗어난 일이 무엇인지 식별하는 것이라는 유명한 말을 남겼다. 자신의 생각, 선택, 행동 이외의 모든 것이 통제 밖의 일이라고 지적하면서 생각, 선택, 행동만이 스스로 통제할 수 있는 것이자 책임져야 하는 것이라고 강조했다.

나는 이런 사고방식이야말로 현대의 일터에서 활용할 수 있는 완벽한 지혜라고 생각했다.

바꿀 수 있는 일에 집중하는 철학자의 생각법
그 속에 모든 해답이 있다

옆자리에 앉은 동료가 다스 베이더처럼 거칠게 숨 쉬는
가? 그럼 자리를 옮기면 된다. 회계 담당 직원이 아니라 우
주 비행사가 되고 싶은가? 그러면 우주와 관련된 일을 취미
로 삼아보자. 상사가 갑자기 1시간 뒤에 PPT 자료로 프레
젠테이션하라고 지시하는가? 그럼 주어진 시간에 현실적
으로 할 수 있는 일을 명확하게 정하고 상사에게 정중히 알
려서 과도하게 기대하지 않게끔 하자. 우리가 실제로 바꿀
수 없는 일을 걱정하며 보내는 시간은 무의미하다.

우리는 일상적으로 마주하는 어려움에 쉽게 위압감을 느
낀다. 세네카는 안정감을 느낄 때도 어려운 때를 대비하라
고 조언했다. 그의 말에 따르면 우리는 장부를 정리하듯이
매일 삶의 균형을 맞춰야 하고 이미 생의 끝자락에 와 있는
것처럼 생각해야 한다.

이런 스토아 철학식 사고방식은 직장 생활의 모든 희로
애락에 훌륭하게 대처하는 방법이 되어줄 것이다. 일에 차
질이 생겨 괴로워하는 우리에게 마르쿠스 아우렐리우스는
이렇게 조언한다. "스스로 상처받지 않았다고 생각하면 불

평이 나오지 않는다. 불평을 멈추면 상처받지 않는다."[2]

이뿐만 아니라 그는 힘든 일이야말로 진정한 배움의 기회라고도 했다. "행동에 방해가 되는 것이 도리어 행동을 진전시키는 힘이 되고 길을 가로막고 있는 것이 도리어 길을 열어주는 것이 된다."[3] 이렇게 생각해 보자. 어떤 결론도 내리지 못한 회의에서는 인내를 배울 수 있으며 나를 힘들게 하는 동료를 만나면 강인함을 키울 수 있다.

단언컨대 스토아 철학을 배우고 나면 일이라는 세계를 균형 잡힌 시각으로 바라보게 되고, 일 때문에 힘든 시기에는 위로를 얻게 될 것이다. 또 모든 것을 더 좋고 충만하게 경험하게 하는 지혜와 실용적인 조언을 얻을 수 있을 것이다.

특히 까다로운 사람들을 대하는 마르쿠스 아우렐리우스의 지혜는 오늘날에도 유효하다. 일터에서 마주하는 이해할 수 없는 말도 안 되는 일과 모든 사람이 마주하는 정치적 처세에 관한 그의 관점도 마찬가지다. 그는 모든 사람이 좌절을 경험한다고 생각했고, 그러므로 신중한 접근법을 취하는 것이 자기 분야에서 성공을 이루면서도 삶이 일에 지배당하지 않게 하는 가장 좋은 방법임을 알았다. 그는 이런 말을 남겼다. "일할 때는 굼뜨지 말고 대화할 때는 혼란스럽게 하지 않으며 생각할 때는 두서없이 모호하게 하지 말라.

자유, 성실함, 냉철함, 온화함이라는 미덕으로 언제나 자신을 지켜내야 한다."[4] 서점에서 《명상록》을 넘기다가 이 대목을 읽었을 때 나는 그의 통찰력이 실로 대단하다고 생각했다.

그날 서점에 다녀와서는 50명이 참석하는 전 부서 회의에 참석했다. 이 회의에서 팀장이 누구든 좋으니 '안전사고를 예방하기 위한 팁(2부 〈불필요한 회의에 대처하는 법〉 참고)'을 공유해 달라고 요청했다. 그러자 회의실에 침묵이 흘렀고 다들 바닥만 보았다. 안전사고를 예방하기 위한 팁이라면 '계단을 내려갈 때는 반드시 난간을 잡는다'나 '냉장고에 있는 다른 사람의 점심을 먹지 않도록 주의한다' 같은 것들을 말할 수는 있었다. 하지만 우리는 안전을 위협받는 환경에서 일하는 것이 아니라서 이런 요구가 약간 어색했다.

결국 정적을 참지 못한 내가 손을 번쩍 들고 매일 출근해서 해충기피제를 뿌리면 어떻겠냐고 제안했다. 그러자 누군가가 야외에서 일하는 것도 아닌데 왜 그래야 하는지 물었다. 그래서 해충기피제를 뿌리면 모기 물린 곳을 지나치게 긁어서 생기는 봉와직염과 여기에서 더 나아가 피부 조직이 썩는 괴사성 근막염을 예방해 팔다리를 절단해야 하는 상황을 막을 수 있지 않겠냐고 대답했다. 팀장은 '너 미쳤어?'라고 말하는 것 같은 눈빛으로 나를 본 다음 다른 안건으로 넘어갔다.

이 정도면 약간 창피해하고 넘어가면 그만인 상황이다. 하지만 나는 이 창피함을 계속해서 생각했고 스스로 질문했다. '왜 나는 이 일에 신경 쓰는가?' 스토아 철학식 접근법에 따르면 다른 사람들의 생각은 나의 통제 범위 밖에 있으므로 다른 이들이 내 말을 어떻게 생각할지 걱정하지 말아야 한다.

이때 나는 스토아 철학의 지혜를 보다 여러 사례에 폭넓게 적용하면 일터에서도 기쁨을 느끼고 평정심을 조금 더 발휘하게 되지 않을까 하는 생각이 들었다. 어쩌면 다른 사람들이 나에 대해 하는 말에 신경 쓰지 않고, 시간만 질질 끄는 회의를 더 잘 참아내고, 거래처의 갑질을 너그럽게 받아들이고 어쩔 수 없이 일이 틀어져도 포기하지 않는 용기를 낼 수 있을지도 모를 일이었다.

그래서 나는 이 책에 마르쿠스 아우렐리우스와《명상록》, 스토아 철학의 지혜를 바탕으로 짜증 나는 사람들과 어려운 기업 용어와 결론 없는 회의 등 좌절이 가득한 전쟁터나 다름없는 일터에 적용 가능한 지혜 49가지를 정리했다. 인용한 스토아 철학 어록 중 일부는 의미를 명확하게 하기 위

일하는 사람을 위한 철학

해 수정되었으나 다소 어색한 옛 말투가 남아 있을 수도 있다. 일터에서는 이런 식의 옛 말투를 쓰지 않는 것이 좋겠으나 그래도 이 말투가 '역동적 공생 관계를 지향하는 협력자'라든지 '전략적 사고형 리더'처럼 현대 직장인이 자신을 설명하는 가증스러운 표현보다는 나을 것이다.

1부

눈치와 말로 싸우는
현대 전쟁터에서
살아남는 법

 * · *

Stoic at Work

Stoic
at
Work

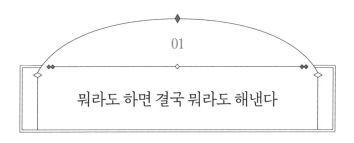

01

뭐라도 하면 결국 뭐라도 해낸다

읽지 않은 메일이 넘쳐 메일함이 터지기 일보 직전일 때, IT팀 네이선이 새로운 버전의 MS 팀스를 내려받으라고 재촉할 때, 상사가 불러 뼈 빠지게 작성한 보고서를 고치라고 할 때 우리는 무기력한 상태에 빠지기 쉽다.

코로나19 팬데믹을 지나 일자리를 지킨 후에는 업무량도 급증했다. 회의 횟수가 늘었고 더 큰 공력이 필요한 프로젝트들이 생겨나 일들이 압력솥처럼 언제 터질지 모르는 상황이 되자 사람들은 짜증이 더 심해졌다. 내 경우에는 직장에서의 짜증이 집에도 번졌다. 거실에 제멋대로 벗어둔 양말 한 짝이 나뒹굴고 안방에는 커다란 먼지 뭉치가 잡초처럼 여기저기 자리 잡은 모습, 어질러진 아들 방에 달팽이 한 마리가 집을 지은 모습을 볼 때 스트레스가 극에 달했다.

그러나 눈앞의 일들과 그로 인한 짜증을 도저히 극복할 수 없을 것 같을 때 할 일은 가만히 앉아서 걱정과 짜증에 휩싸이느니 뭐라도 하는 것이다. 나뒹구는 양말을 빨래통에 두거나 행성만 한 크기의 먼지 뭉치를 잠시 못 본 척할 수도 있다. 또 아들에게 사과 심지를 바닥에 버려두면 달팽이가 침대 옆에 집을 지을지도 모른다고 다시 한번 이야기해 줄 수도 있다.

물론 퇴근하고 와서 지친 탓에 아무것도 하지 못한다는 편한 핑계를 댈 수도 있다. 머릿속은 이미 무엇도 해낼 수 없는 이유를 찾아 아무것도 하지 않는 것을 정당화하느라 바쁠지도 모른다. 일의 마감 시한을 맞추기 위해 씨름하며 발등에 떨어진 불을 끄느라 고단한 하루를 보내고 집에 와서 청소까지 하고 싶은 사람은 없을 테니까. 정당화도 일종의 의사결정이고 조치라고 말할지 모르지만, 그런다고 해서 달라지는 것은 아무것도 없다. 이런 상황에서 앞으로 나아가려면 뭐라도 하는 수밖에 없다. 다가오지 않은 미래에 일을 맡긴다는 것은 그 일을 절대 완수할 수 없음을 의미한

일하는 사람을 위한 철학

다. 불완전하더라도 뭐든 하는 것이 완벽하게 해내는 상상만 하는 것보다 낫다.

영국 작가 올리버 버크먼은 저서 《4000주》에서 '포모도로 기법'을 소개했다. 소프트웨어 개발자이자 사업가 프란체스코 치릴로가 고안한 생산성 관리법인 포모도로 기법은 타이머를 설정해 25분 동안 일하고 5분 동안 쉬기를 네 번 반복한 다음 휴식을 취하는 방법이다. 타이머가 똑딱거리면 마감 시한이 있다는 착각이 들어 생산력이 높아진다. 이렇게 정신을 속이면 뇌가 관성에서 벗어나 공상과 무의미한 인터넷 탐방 등 집중을 방해하는 행동을 줄여나갈 수 있다. 이때, 내가 얼마나 집중하면서 효율적으로 일하고 있는지 관심 가지지 않고 아무 때나 연락하는 사람들은 되도록 피하는 게 답이다.

스토아 철학이 전하는 말

스토아 철학은 무언가를 하겠다는 결정을 실행하는 데 도움이 되는 훌륭한 조언을 해줄 수 있다. "미래의 어느 시점에 마법 같이 갑자기 모든 것이 완벽해지기를 바라고 행동을 미룬다면 결국 아무 데도 도달할 수 없다."

마르쿠스 아우렐리우스는 이렇게 말하기도 했다. "현재의 일을 외면했으므로, 즉 오늘이 아닌 내일 좋은 사람이 되고자 했으므로 고통받는 것은 당연하다."[1] 그는 최상의 결과를 얻기 위해 지금 하는 모든 행동에 노력과 주의를 온전히 기울여야 한다고 믿었고, 모든 일에 최대한 부지런하고 열정적으로 임해서 완수하는 것을 목표로 삼았다. 또 이는 확실히 옳은 일이라고 믿어 의심치 않았다.

불만에 가득 차 식료품을 계산대 옆 포장대로 집어던지는 슈퍼마켓 직원에게도 이 지혜를 활용하게 할 수 있을까? 나 또한 일이 꼬이고 열정과 생산성이 급감하여 인생을 원망하게 되는 시기에 이 지혜를 발휘할 수 있을까? 마르쿠스 아우렐리우스는 누구나 더 나은 마음가짐으로 일하겠다고 결정할 수 있다고, 무슨 일이 닥치든 결국 이겨낼 수 있다고 말했을 것이다. 그는 "우주와 조화를 이루는 모든 것은 나와도 조화를 이룬다"[2]라고 했다. 상황이 좋지 않게 흘러간다고 느껴질 때 이 말을 떠올리면 마음을 다잡을 수 있을 것이다.

아침에 출근했는데 컴퓨터 비밀번호를 잊어버려서 로그인에 세 번 실패하는 바람에 컴퓨터가 잠김 상태로 바뀌었다면 어떻게 해야 할까? 아니면 인사팀에서 사이버 안전,

일하는 사람을 위한 철학

사이버 위험, 사이버 업무 절차에 관한 온라인 강좌 세 개를 점심시간 전까지 수강해 달라고 요구한다면? 앞으로 해야 할 일 때문에 막막해하지 말고 쉬운 일부터 시작해서 진전이 있다고 느끼도록 하자.

또 내 우선순위가 아니라 다른 사람의 우선순위 위주로 일해야 하는 날도 있을 것이다. 이때는 새로운 요구사항에 대한 반응을 스스로 관리하는 데 집중하자. 이 상황을 불공평하다고 해석해서 시간을 낭비할 수도 있고, 인내, 끈기, 회복력을 배우는 시간으로 만들 수도 있다. 무언가를 해내고 싶다면 일단 해보면서 판단하는 것이 가장 좋은 방법이다.

《명상록》
제2권 4절

"그동안 신들이 준 기회를 얼마나 자주 흘려보냈는지, 또 그 기회를 얼마나 오랫동안 미루어 왔었는지를 기억하라. 이 땅에 주어진 시간은 한정되어 있기에 정신을 뒤덮고 있는 안개를 걷어내어 청명하게 하지 않으면 기회는 또다시 지나가 버린다."

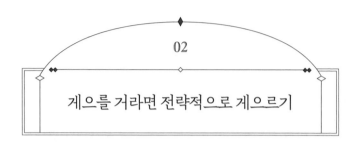

02

게으를 거라면 전략적으로 게으르기

다른 대안도 있다. 하지 않는 것이다. 이 말은 뭐라도 하라는 앞선 이야기에 반하는 것으로 보일 수 있다. 어쨌든 마르쿠스 아우렐리우스는 "아무것도 하지 않음으로써 불의를 저지를 수 있다"[3]라고 했으니까. 해야 할 일이 있는 데도 힘들다는 이유로 피하는 건 분명 게으름일 것이다. 그러나 내가 하려는 건 조금 다른 이야기다. 전 영국 총리 멜버른 경은 '노련한 비활동 상태masterful inactivity'라는 말을 만들었고[4], 제너럴일렉트릭 회장 잭 웰치는 '창밖을 바라보는 시간'을 따로 잡아 두었다. 전략적으로 게으름을 피우면 생각을 정리함으로써 더 적절한 행동을 결정할 수 있다.

삶에는 더 많이 노력하더라도 개선할 수 없는 일들이 꽤 있다. 때로는 한 걸음 물러나는 게 좋은 방법이 된다. 영국 작가 올더스 헉슬리는 '역노력의 법칙'을 이야기한 바 있다. 지나치게 열심히 노력하면 역효과를 낳는다는 뜻이다. 헉슬리는 당장 행동을 취하지 말고 한발 물러나 상황이 어떻게 전개되는지 그냥 지켜보라고 조언했다.

나의 전 직장 동료는 아무것도 하지 않는 것을 무척 좋아했다. 그의 주요 업무는 작은 불이 대형 산불로 번지지 않도록 기업의 평판을 관리하는 것이었다. 그는 불은 저절로 꺼지는 경우가 많으며 때로는 상황에 개입하는 것이 불난 데 기름을 붓는 격이라고 말했다.

"내가 배운 가장 좋은 방법은 아무것도 하지 않는 거야. 이건 정말 훌륭한 조언이지만 실행하기가 매우 힘들지. 사람들은 어려운 상황이 닥치면 본능적으로 당황하거나 자기 존재를 정당화하기 위해 해결책을 아는 사람처럼 보이고 싶어 하거든. 아무것도 하지 않는 것이 정확하고 올바른 접근법으로 판명되는 경우가 얼마나 많은지 알면 놀랄걸."

그는 아무것도 하지 않으면 힘이 덜 들고 불안감도 줄어든다고 했다. 이는 그날 더 나은 기분으로 퇴근할 수 있다는 뜻이기도 하다. 또 그는 섣불리 결정하지 않음으로써 문제를 깊이 생각하여 궁극적으로 더 나은 선택을 할 여지가 생긴다고 덧붙였다.

"모든 걸 체스 게임이라고 생각해 봐. 그러니까 언제나 몇 수 앞을 내다보려고 노력해야 한다는 거야. '아무것도 하지 않는' 접근법을 취하면 그게 가능해지지."

그러나 그는 문제가 심각할 경우 언제나 발생한 그 즉시 대처하는 게 좋다고 말했다. 화장실 유머가 섞여 상당히 더럽기까지 했지만 충격요법에 가까운 말이었다. 실제로 그가 한 말은 이랬다. "그치만 똥으로 만든 샌드위치는 따뜻할 때 해결해야 해. 식은 똥 샌드위치는 정말 최악이거든. 게다가 똥 샌드위치가 쌓이고 또 쌓이는 건 누구도 원치 않을 테지."

스토아 철학이 전하는 말

때로는 반응하기 전에 잠시 멈추는 것이 좋다. 문제 해결 모드에 돌입하기 전에 그 문제를 잠시 재워두는 것이다. 그러면 어떻게 조치해야 할지에 대해 차분히 집중하고 생각할 수 있다.

일하는 사람을 위한 철학

로마 제국 정치가이자 역사가였던 카시우스 디오의 증언에 따르면 마르쿠스 아우렐리우스는 "황제가 어떤 일을 서둘러 해야 한다는 것이 옳지 않다고 생각하여 아주 사소한 일에 하루를 몽땅 쓰기도 했다."[5]

에픽테토스 역시 불쾌한 상황에 맞닥뜨려 감정이 솟구칠 때는 일단 잠시 멈추어야 한다고 말했다. 그 상황 때문에 솟아오른 열기를 가라앉히라는 말이었다. 그러면 감정이 생각을 통제하도록 놔두지 않을 수 있고 어떻게 반응할지 고심할 시간도 생긴다. 에픽테토스는 이렇게 만들어진 생각의 공간에서 지혜를 얻는다고 했다. "충동적으로 대응하지 않는 태도가 필요하다. (…) 누구나 반응하기 전에 잠시 시간을 가지면 통제력을 발휘하기가 더 쉽다는 사실을 깨닫게 될 것이다."[6]

감정이라는 필터를 통해 상황을 바라보지 않고 한 걸음 물러난 채 일단 생겨난 감정을 인정하고 받아들이면 비로소 생각의 공간이 생긴다. 이렇게 했는데도 동료나 상사 때문에 여전히 기분이 나빠도 괜찮다. '그래도 괜찮다'라는 생각이 기분 나쁜 감정의 완충제 역할을 해 상황을 덜 심각하게 만들 수 있다.

그러나 마르쿠스 아우렐리우스는 계속해서 아무것도 하

지 않는 것은 부당하다고도 했으므로 아무것도 하지 않으면서 상황을 충분히 생각해 본 뒤에는 뭔가를 좀 하는 게 좋을 것이다.

《명상록》
제8권 60절

"화살과 정신은 다르게 움직인다. 화살은 늘 일직선으로 날아가지만 정신은 어떤 때는 앞으로 잘 나아가는 듯하고 어떤 때는 제자리에서 빙빙 도는 것처럼 보인다. 그러나 사실은 정신도 결국 목표를 향하여 나아가고 있는 것이다."

일하는 사람을 위한 철학

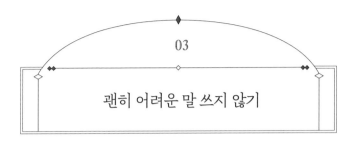

03

괜히 어려운 말 쓰지 않기

언어는 여러 세대를 거치며 진화하고 변화하고 개선되었다. 그런데 회사라는 곳에서 언어는 점점 더 터무니없는 쪽으로 진화했다. 특히 기업 용어 중에는 단어가 당황스러울 정도로 이상하게 연결되어 그 뜻을 전혀 이해할 수 없는 경우가 많다.

요즘 많은 기업에서 일반적이고 정상적인 용어 대신 '생각 샤워thought shower', '가치 제안value proposition', '세분성 강화greater granularity', '접촉 시도reach out'처럼 단어의 끔찍한 연결로 만들어진 말들을 사용한다. 접두사 '재re'는 '재구상reimagine', '재활성화re-energise', '재편성re-align' 등 아무 단어에나 갖다 붙인다. 또 기업에서 빼놓지 않고 쓰는 용어로 '대폭 개선하다move the needle', '중대한 변화를 만들다shift the dial', '아이디어 도출ideate ideas', '재논의하다circle back', '심층 분석deep dive', '핵심 역량wheelhouse of skills' 같은 것들이 있다.

소설가 조지 오웰은 "좋은 산문은 유리창처럼 투명해야 한다"라고 했다. 그의 관점에서 글은 불필요한 주의를 끌어서도 안 되고 의미가 모호해서도 안 된다. 그의 비유를 확장해서 생각하면 요즘 기업에서 쓰는 글은 뿌연 3중 간유리 같다.

"제가 한번 살펴보겠습니다"라고 말하면 되는데 "제가 오류를 검토해 보겠습니다"라고 말하거나 "내용을 요약해 주겠어요?"라고 하지 않고 "거시적인 관점에서 요점이 뭔지 궁금하군요"라고 말하는 일이 흔하다. "지금 적고 있어요I'm taking notes"라고 명확히 말하지 않고 "지금 펜 잡고 있어요I'm holding the pen"라고 모호하게 말하기도 한다.

이뿐 아니다. 정보를 알릴 때 '단계별 메시지 공유'라는 어려운 말을 쓰고 무언가 배우고 나면 그게 무엇이든 '학습'이라고 말하기도 한다. 여행을 이야기할 때 주로 쓰이는 '여정journey'은 일터까지 침투했다. 일이 풀리지 않을 때 "참 힘든 여정이야"라고 말하는 이들이 늘었을 뿐 아니라 최근에 등록한 요가 수업의 선생님도 "여정을 함께하게 되었다"라면서 나를 반겼다. 레스토랑에서는 요리사의 '날로 먹는 여정effortless journey'이라는 이름의 만찬 메뉴를 주문할 수 있다.

문법도 무시되기 일쑤다. 소위 '좀비 명사(동사를 억지로 명사로 바꾼 말)'를 즐겨 사용하는데, 그렇게 하면 하고자 하는 말이 실제보다 더 중요하고 전문적으로 들린다고 생각한다. 그렇기에 "할 말이 있다"라고 말해야 할 때 "정보 공유 사항이 있다"라고 말하는 것이다.

일이 형편없이 잘못되었을 때 리더 대다수가 책임 소재를 모호하게 만들려고 한다. 이들은 '우리가 사고를 일으켰다'보다 '사고가 발생했다'라는 표현을 더 좋아하는데, 후자에는 사고를 책임지지 않으려는 마음이 담겨 있다.

말을 장황하게 늘어놓는 것은 말을 복잡하게 꼬아서 사람들에게 깊은 인상을 남기려는 전략으로 보인다. 하지만 정체 모를 의도를 숨기고 있다는 인상을 주어 역효과가 날 수 있다. 투자 전문가 워런 버핏이 주주들에게 쓴 편지는 매우 간결하게 작성되어 이 분야의 모범으로 꼽히는데, 워런 버핏은 사람들이 명확한 의사소통 기술만 터득하면 자신의 가치를 50퍼센트 이상 높일 수 있다고 말하기도 했다.

스토아 철학이 전하는 말

스토아 철학은 명확하고 간결한 의사소통을 중시했다. 정확한 어휘와 문법을 다양하게 구사하고 간결하고 부드럽게 표현하며 듣는 사람에게 적합한 메시지를 전할 수 있어야 한다고 여겼다.

마르쿠스 아우렐리우스도 일과 말을 하는 데 있어서 명확함을 추구했다. 그는 자신의 목표를 이해하고 이를 다른 사람에게 설명하는 데 정확함과 간결함이 도움이 된다고 생각했다. 정확함과 간결함을 추구하면 중요한 것을 더 쉽게 파악할 수 있어서 일을 더 쉽게 할 수 있기 때문이었다.

로마의 원로원 의원이자 문법학자였던 마르쿠스 코르넬리우스 프론토는 "위대한 지도자의 웅변은 클라리온 나팔 소리처럼 힘 있고 투명해야 한다"[7]라고 말했다. 그는 황제 마르쿠스 아우렐리우스가 억지스러운 말이나 이해할 수 없는 비유적 표현을 사용하지 않는다고 칭찬했다.

실제로 《명상록》의 글은 명료하고 힘 있는 언어로 쓰였고, 이성과 판단을 존중하는 마르쿠스 아우렐리우스의 시각을 잘 보여준다. 그는 불행과 악은 명확하게 생각하지 못하는 데서 비롯된다고 믿었다. 자기계발서의 경전으로 불

일하는 사람을 위한 철학

리는《명상록》에는 난해한 글도, '단계별 정보 공유'나 '접촉 시도' 같은 끔찍한 문구도 찾아볼 수 없다.

　마르쿠스 아우렐리우스는 명료함이 부족하면 생각과 행동에 막힘이 생긴다고 보았다. 그렇다고 해서 명료함이 부족한 다른 사람을 비난하지도 않았다. 누가 그에게 "제가 최고의 역량을 가진 내부 팀에 접촉을 시도하여 월드 클래스급 담당자와 연결해 드리겠습니다"라고 말하더라도 그는 "도대체 무슨 말입니까?"라고 되묻지 않을 것이다. 오히려 이해할 수 없는 말을 하는 사람에 대해 곰곰이 생각하며 그런 말을 하게 된 동기와 그 말의 진짜 뜻을 해독하려고 노력했을 것이다.

《명상록》
제3권 5절

"생각을 미사여구로 꾸미지 마라. 말을 짧게 하고 행동을 삼가라."

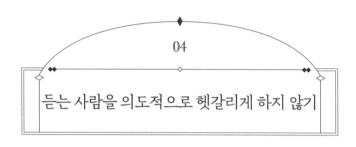

04
듣는 사람을 의도적으로 헷갈리게 하지 않기

《파이낸셜 타임스》 칼럼니스트 루시 켈러웨이는 다시 공부해 교사가 되기 전까지 25년 동안 단번에 이해하기 어려운, 말도 안 되는 기업 용어들을 상대로 전쟁을 벌였다. 그러고 나서 "기업의 헛소리가 100만퍼센트 더 헛소리 같아졌다"라고 결론 내렸다. 가장 큰 문제는 그런 말도 안 되는 헛소리를 해도 뭐라고 하는 사람이 없다는 것이었다. 듣는 사람은 헛소리가 지긋지긋해도 그런 헛소리를 하는 사람에게 잘 따지지 않기 때문이다.

대외협력팀 스티브는 이런 식으로 흘러가는 체계를 이

용해 직장 생활에서 앞서갈 수 있다고 생각했다. 실제로 이해할 수 없는 말로 듣는 사람을 헷갈리게 만들면, 그 사람은 혼란에 빠져 상대가 하는 그 어떤 말도 반박하지 못하게 된다. 스티브는 파란색 체크 무늬 셔츠 소매를 걷어 올리고 사무실을 활보하면서 임원진을 마주칠 때만 미소 지었다. 직급이 낮은 직원들에게는 한 번도 그렇게 미소 짓지 않았다. 그는 기름에 흠뻑 젖은 장어처럼 미끈거리는 사람이었고, 똑똑해 보이려고 단어에 지역을 뜻하는 접두사 geo를 붙이는 걸 좋아했다. "지역별로 큐레이션한 콘텐츠geo-curate content를 적절한 타이밍에 지역별로 배포해야geo-release 한다고 생각합니다…" 이런 식이다.

그의 말을 도무지 이해할 수 없어서 뭐라고 대꾸해야 할지 알기 어려울 때도 있었다. 한번은 내가 회의에서 아이디어를 제안했는데 스티브가 이렇게 말했다. "고마워요. 정말 좋은 지적입니다. 하지만 제안한 아이디어는 지역별로 큐레이션된 내러티브 프레임워크의 지역별 전략 목표에 부응한다고 볼 수 없겠군요."

나는 처음에 이 말을 들었을 때, 스티브가 칭찬하는 줄 알고 방금 칭찬받은 사람처럼 얼굴이 따뜻하게 상기되었다. 그와 동시에 그가 내게 엄청난 지식을 알려준 게 아닐까

하는 생각도 들었다. 그러다가 뒤늦게 그가 내 아이디어를 내쳤다는 사실을 깨달았다.

이것이 바로 요즘 널리 퍼진 혼란스러운 언어의 본보기다. 이런 말을 사용하는 사무실에서는 온갖 말이 기업 용어라는 거름망에 걸러지면서 이상해진다. 글도 마찬가지다. 처음에는 잘 써진 글도 이 거름망을 거치고 나면 이해하기 어려운 글이 되고 만다.

듣는 사람을 헷갈리게 만드는 이상한 말을 만들지 말자고 상사와 동료를 설득하는 일은 꽤 힘들었다. 팀장은 아랑곳하지 않고 팀 가치 제안 내용을 이렇게 썼다. "우리는 콘텐츠 관리 모듈에 영향을 미치는 방법을 이해하는 데 투자하는 패러다임 전환을 알리는 말의 관리자로서 전략적 리더십을 제공하여 명성을 확장한다."

여기서 그치지 않고 그는 이렇게 말했다. "우리는 정보에 입각해 사려 깊고 신중하며 건설적인 조언을 함으로써 아이디어를 착안하고 중요한 결정을 내리는 일을 지원하면서 외부 세계를 끌고 와 내부 비즈니스에 연결한다. 우리는 솔루션 중심의 결과와 투자 가능한 제안을 제공하는 명확한 사고방식의 소유자들이다."

우리가 뭔가 중요한 걸 하는 것 같기는 했다. 그러나 도대

일하는 사람을 위한 철학

체 무엇을 해야 하는지 아는 사람은 실제로 없었다. 이렇듯 말을 매우 난해하게 만들어서 누군가에게 깊은 인상을 심어주려는 행동은 쓸데없는 짓이다.

스토아 철학이 전하는 말

마르쿠스 아우렐리우스가 "제안한 아이디어는 지역별로 큐레이션된 내러티브 프레임워크의 지역별 전략 목표에 부응한다고 볼 수 없겠군요"라는 말을 듣는다면 과연 어떻게 반응할까? 아마도 회의실 회전의자에 기대앉아서 뜻을 명확히 알기 어려운 그 말에 대해 곰곰이 생각할 것이다. 그런 다음 다른 사람의 언행 때문에 괴로워하면 안 된다고 결론 내릴 것이다. 다른 사람이 하는 문제적 언행은 그들의 문제지 나의 문제가 아니라고 생각하는 것이다. 그 언행에 관한 생각을 내려놓는 데 초점을 맞춰야 한다.

다른 사람을 판단하지 않으려고 하면 의외로 짜증, 좌절, 분노 같은 부정적 감정이 쉽게 사라진다. 그러니 다른 사람의 말과 말투에 연연하지 말자. 마르쿠스 아우렐리우스는 외부에서 불어오는 '소용돌이치는 혼돈'에서 벗어나 머릿속을 명료하게 만들어야 한다고 이야기했다. 이렇게 하면 회사에서 실제로 해야 할 일이 무엇인지 알지 못하도록 방해하는 기업 용어의 폭격에서도 자유로워질 수 있다.

마르쿠스 아우렐리우스는 진실을 말하고 옳은 일을 하며 운명을 받아들이자고 말했다. 이는 실체 있는 삶, 즉 현재를 잘 살아내기 위해 노력해야 한다는 의미다. 이렇게 하면 죽을 때까지 자신의 영혼에 충실해지고 고결하게 남은 삶을 보낼 수 있을 것이다.[8]

《명상록》
제4권 51절

"일할 때는 항상 지름길을 택하라. 그 길은 너를 가장 바른 언행으로 인도해 줄 자연의 길이다. 끊임없이 언행을 건전하게 하면 피곤해지거나 지칠 일도 없으며 다투거나 과시하거나 가식적으로 꾸밀 일도 없어진다."

일하는 사람을 위한 철학

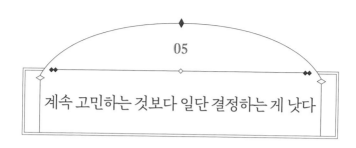

05

계속 고민하는 것보다 일단 결정하는 게 낫다

망설이기만 하고 결단 내리지 못하는 우유부단은 사람과 일에 큰 영향을 준다. 엔지니어링 컨설팅 회사에서 일하는 개러스는 언제 휴가를 쓸지, 팀원들에게 업무를 어떻게 배정할지 오래 고민하고 결정을 미루는 일이 잦았다. 심지어 머리를 잘라야 할지 말아야 할지조차 잘 결정하지 못했다. 결국 그는 머리를 길게 길러 포니테일로 묶은 채 다녔다. 이런 식의 우유부단은 직장 동료들에게 중대한 영향을 미쳤다. 동료들이 획획 움직이는 그의 포니테일을 하루 종일 보게 되었기 때문이다. 이뿐 아니다. 우유부단한 태도는 개인적 차원을 넘어 지구에도 부정적인 영향을 줄 수 있다. 오늘날 우리가 맞은 심각한 기후 위기가 그렇지 않은가? 기후 변화에 대응하기를 머뭇거리다가 생겨난 일이니 말이다.

삶에는 힘들게 결정해야 할 일들이 아주 많다. 중요한 결정을 앞두면 주어진 시간을 어떻게 사용해야 할지 생각할 수밖에 없는데, 이럴 때면 문득 그 시간이 너무나 짧게 느껴진다. 내가 한 결정 때문에 길이 좁아지고 기회가 줄어들 수도 있다는 생각이 들면 결정을 내리기가 쉽지 않다. 마케팅 팀 피오나에게 소리 내어 인사를 건넬지 그냥 고개만 끄덕일지, 회의실에서는 어느 자리에 앉을지, 연봉 협상 때 급여 인상을 요구할지… 이런 딜레마도 매일 마주하게 된다. 한 가지 짚고 넘어갈 것은 과거의 경험, 지금 하는 일의 성격 같은 후천적 요인뿐만 아니라 유전자도 결정에 영향을 준다는 사실이다. 엑셀 시트를 마저 보는 대신 도넛을 먹기로 결정한 데는 타고난 신경 패턴의 영향도 조금은 있기 마련이다.

그러니 스스로 너무 엄격해지거나 지나치게 걱정하지 않아도 된다. 훌륭한 의사결정은 삶을 더 좋은 방향으로 이끌고 잘못된 의사결정은 반복하지만 않는다면 무언가 반드시 배우는 계기가 된다. 오히려 의사결정 자체를 거부하면 다른 사람의 결정에 영향받기 쉬우므로 좋지 않다. 그래서 좋든 나쁘든 결정을 내리는 것이 아무것도 결정하지 않는 것보다 낫다. 머뭇거리기만 하면 아무것도 이룰 수 없다. 결정하지 않으면 절대 앞으로 나아갈 수 없다.

시카고대학교 교수이자 팟캐스트 〈프리코노믹스Freaknomics〉 진행자인 미국 경제학자 스티븐 레빗은 《경제 연구 리뷰》에 발표한 논문에서 2만 명이 넘는 참가자들과 함께한 실험에 관해 다뤘다. 그는 참가자들이 결정이 필요한 일에 동전을 던져서 어떻게 할지 정하게 했으며[9] 두 달 뒤와 여섯 달 뒤에 확인한 결과, 동전을 던져서 내린 결정으로 삶의 큰 변화를 겪은 이들은 변화를 겪기 전보다 더 행복해졌고 더 잘살게 되었다고 설명했다. 이 결과에 따라 레빗은 언제나 현상 유지보다는 행동하는 쪽을 선택해야 한다고 조언했다. 어려운 결정을 앞두고 고민하는 사람은 변화로 이어지는 쪽을 선택하는 편이 낫다는 것이다.

스토아 철학이 전하는 말

마르쿠스 아우렐리우스는 의사결정에 꽤 오랜 시간을 쏟

는 것으로 유명했다. 그가 언제나 최적의 결정을 내린 것은 아니었겠지만 어쨌든 늘 결정하기는 했다. 또 결정을 내릴 때 자신이 통제할 수 있는 것이 무엇인지 고려했다. 자신의 통제 범위를 벗어난 일이라면 그게 무엇이든 최우선 순위가 되어서는 안 된다고 생각했다. 그리고 에픽테토스는 이렇게 말했다. "우리가 책임질 수 있는 일이 있는가 하면, 책임질 수 없는 일도 있다."

스토아 철학자들은 의사결정에 우리를 더 나은 인간으로 만드는 중요한 네 가지 덕목이 담겨 있는지도 살폈다. 네 가지 덕목에는 힘든 상황을 성공적으로 헤쳐나가는 실용적 지혜, 옳은 일을 하려는 용기, 다른 사람들에게 올바르게 행동하는 정의, 자기 통제와 자제력을 보여주는 절제가 있다.

이 네 가지 덕목을 발휘해 스토아 철학식으로 결정하고자 한다면 이렇게 하면 된다. 첫째, 먼저 자신에게 질문한다. '내가 통제할 수 있는 일인가?' 스스로 통제할 수 없는 일이라면 결정할 것은 없다. 일부라도 통제할 수 있다면 그 통제 가능한 부분에 집중하면 된다. 둘째, 결정한다. 셋째, 내가 내린 결정으로 인해 마주하게 될 일은 미리 통제할 수 없다는 사실을 명심한다.

《명상록》
제6권 44절

"신이 우리 중 누구도 돌봐주지 않는다면 스스로 나를 돌보아야 마땅하다. 이제 내 편의를 고려하는 것은 나의 권리다. 그런데 편의란 무엇인가? 모든 사람에게 편의란 자신의 본성과 자신을 구성하는 특성에 알맞은 것이다."

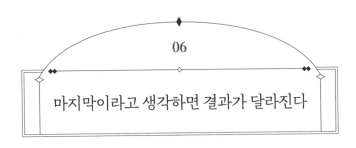

06

마지막이라고 생각하면 결과가 달라진다

당연한 말이지만 결심한 무언가를 하지 않고 있으면 미루기의 영역으로 쉽게 진입할 수 있다. 수년 전 나는《세븐 Seven》이라는 소설을 쓰기 시작했다. 이탈리아 풀리아의 알베로벨로Alberobello라는 마을로 가족여행을 가서 팔이 부러진 여자에 관한 이야기였다. 알베로벨로는 수백 년 전에 지어진 원뿔 모양 오두막 트룰리trulli로 유명한 곳이다. 트룰리 지붕에는 주술적 의미가 담긴 문양이 장식되어 있다.

어쨌든, 내 소설의 주인공은 부러진 팔을 치료받으러 트룰리로 들어갔고 1시간 뒤에 그곳에서 나오자 7년이 흘러

일하는 사람을 위한 철학

있었다. 가족도 모두 떠나고 없었다. 드라마 〈매니페스트〉와 기본 설정이 같다. 이 드라마에서는 자메이카에서 뉴욕으로 비행기를 타고 가는 동안 5년이 넘는 시간이 흘러 승객들이 돌아와 다시 일상 생활에 적응하는 데 큰 어려움을 겪는다.

드라마가 방영되기 전에 책을 쓰기 시작했음에도 나는 여전히 글을 조금밖에 쓰지 못했다. 글을 쓰는 대신 틈날 때마다 이 책이 얼마나 큰 성공을 거둘지 상상했다. 계약금도 받고 여기저기에서 상도 타고 연설도 하는 모습을 상상했고 어쩌면 영화로 만들어질지 모른다고도 생각했다. 충분히 성공 가능성이 있어 보였다. 하지만 스스로 상상한 성공이 너무나 대단한 나머지 나는 거의 아무것도 하지 못하고 글쓰기를 미루기만 했다.

이런 미루기는 시간을 제대로 관리하지 못해서라기보다 자신을 통제하지 못한 탓에 일어나는 일이다. 마감 기한, 데드라인deadline이 다가올수록 마음이 초조해지는 것은 당연하다. 무언가를 완료해야 하는 시점을 뜻하는 '데드라인'은 원래 감옥 바닥에 그어 놓은 선을 뜻했다. 선을 넘는 수감자들은 총살당했다. 그러니 이 말이 무시무시하게 느껴지는 건 당연한 일인지도 모른다.

그럼에도 우리는 마감에 대한 압박감이 너무 커질 때까지 일을 계속 미루다가 더 나쁜 상황에 빠지게 되고, 기준 이하의 결과물을 만들어내게 되면 스트레스를 받는다. 미루기가 습관이 된 사람들은 일을 끝내서 미래에 득이 되게 하기보다는 당장 일을 하지 않음으로써 기분을 좋게 하는 쪽을 택한다. 인터넷 화면을 멍하니 바라보면서 스크롤하고 SNS에 글을 쓰다 보면 시간은 손가락 사이로 빠져나가 버린다. 그 결과 얻는 것은 무엇일까? 아무것도 없다.

미루는 사람들의 다양한 유형을 정리한 밈meme이 있는데, 밈에는 이런 것들이 등장한다.

- **위킷 키퍼**wicket keeper(크리켓 경기의 포수—옮긴이): 글러브를 낀 채 뒤로 빠져 있는다.
- **센서 등**: 누가 지나갈 때만 켜진다.
- **컵라면**: 모든 일이 3분이면 끝난다고 생각한다.
- **물집**: 힘든 일이 완료되면 나타난다.
- **판촉물**: 쓸모없는 것들이 가득하다.
- **손전등**: 별로 밝지도 않은데 들고 다니기까지 해야 한다.
- **접이식 의자**: 압력을 가하면 언제나 접힌다.
- **외바퀴 손수레**: 밀어야 움직인다.

일하는 사람을 위한 철학

- **무선 제품**: 밤새도록 충전해 봤자 두 시간 작동한다.

물론 너무 많은 일에 짓눌려서 미루게 될 때는 센서 등 방식으로 일하는 지혜도 필요할 듯하다.

스토아 철학이 전하는 말

이미 흘러간 시간은 돌이킬 수 없지 않은가? 시간은 돈보다 더 희소하고 가치 있다. 세네카는 저서 《인생의 짧음에 대하여》에서 최악의 시간 낭비는 미루기라고 했다. "일을 미루는 것은 인생의 가장 큰 낭비다. 미루기는 다가오는 매일을 빼앗고 나중에 하겠다고 약속함으로써 현재를 빼앗는다."[10] 그러면서 "인생의 가장 큰 장애물은 기대다. 기대가 있으면 내일에 매달려 오늘을 잃게 된다"라고도 했다.

즉각적인 보상이 보장되지 않은 상황에서 무언가를 시작하기는 힘들다. 그러나 일을 하고 보상받기까지는 대개 몇 시간, 며칠, 몇 주, 몇 달 또는 그 이상이 걸린다. 그러므로 열심히 일한 것을 스스로 보상과 연결하면 미루려는 충동을 줄이는 데 도움이 될 수 있다. 예를 들어 해야 할 일을 마치면 좋아하는 초콜릿을 한 조각 먹는 식이다. 보상이 없다면 대단한 의지력이 있어야만 미루지 않을 수 있다.

세네카는 시간 낭비하는 사람들을 용납하지 않았다. "삶은 충분히 길고, 시간과 노력을 제대로 기울이면 최고의 성취에 대한 넉넉한 보상이 주어진다. (…) 따라서, 우리에게 짧은 삶이 주어지는 것이 아니라 우리가 삶을 짧게 만드는 것이고, 부족한 것이 아니라 실은 낭비하는 것이다. (…) 제대로 활용하는 방법만 알면 삶은 길다."[11]

그렇다면 어떻게 해야 미루지 않을 수 있을까? 마르쿠스 아우렐리우스는 "모든 행동을 마지막인 것처럼 하라. 욕구와 욕정이 이성을 거스르지 않게 하며 (…) 운명을 불평하지 말라"[12]라고 자신에게 충고했다.

집중을 방해하게 될 요인과 장애물을 미리 파악해 피하는 노력이 필요하며 지금 하는 일이 마지막 기회라고 생각하면 쉽게 미루지 않게 된다. 혹시 여러분의 일터에 판촉물이나 손전등 유형의 사람이 있다면 부디 잘 피할 수 있기를 바란다. 행운을 빈다.

《명상록》
제9권 29절

"자연과 본성이 요구하는 것을 하라. 스스로 움직이고, 누가 지켜보는지 두리번거리지 마라. 플라톤식 이상 국가를 기대하지 말고, 주어진 일에서 아주 작은 진전을 이룬 것에 만족하며 그 일을 작은 일이라고 생각하지 마라."

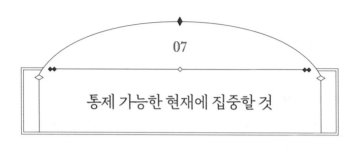

07

통제 가능한 현재에 집중할 것

　이상하게도 나이가 들수록 삶이 흘러가는 속도가 동영상을 몇 배속으로 재생한 것처럼 빠르게 느껴지지 않는가? 주말이 획 지나가고 어느새 다시 사무실 책상에 앉아 사업 개발팀 리앤이 CEO와 임원진을 참조로 걸어서 보낸, 은근히 비꼬는 듯한 내용의 이메일에 답장을 보낸다. 답장을 보내고 회의에 참석하니 블랙홀 근처에서 시간이 느려지듯이 평소보다 시간이 두 배로 길게 느껴진다. 주말은 평일보다 네 배 더 빨리 지나가고 연휴는 주말보다 여덟 배 더 빨리 지나간다.

올리버 버크먼은 저서《4000주》에서 우리가 80세까지 산다고 가정할 때 지구에서 보내는 시간이 4000주밖에 되지 않는다고 말했다.[13] 무의미한 활동에 낭비하는 시간을 떠올리면 이 말을 듣고 불안해진다. 내 경우 인터넷에 떠돌아다니는 가십성 글을 읽는 데 50주 정도 보냈을 테고 헛소리가 난무하는 텔레비전 프로그램을 본 시간은 그 두 배에 달할 것이다. 집 청소와 정리, 책 원고 쓰기 같은 중요한 일을 미루기만 한 시간은 그보다 더 길 것이 분명하다.

컴퓨터에 적힌 시각, 책상 위 달력, 회의실 벽에 있는 시계 등 시간을 알려주는 장치가 사무실 곳곳에 존재하는데도 가끔은 정말이지 시간이 하늘로 증발해 버리는 것만 같다. 사라지는 시간에 대한 반응으로 녹초가 되도록 일하는 사람이 있는가 하면, 다른 사람에게 자기 일을 상습적으로 떠넘기는 사람도 있다. 그렇게 일을 떠넘기고 상사가 지나갈 때만 일하는 전형적인 '센서 등' 유형의 사람 중에는 일터에서 유튜브로 고양이 동영상을 보거나 주식 거래를 하면서 시간을 보내는 사람도 있다.

시간이 증발해 버리는 것만 같다고 생각하게 될 때는 미래는 예측할 수 없으며 모든 시간을 내가 원하는 대로만 쓸 수 있지 않다는 사실을 인정해야 한다. 미래를 통제하려고 해도 결국 뜻대로 흘러가지 않기 마련이고 그럴수록 오히려 시간의 제약과 정면으로 마주하게 된다. 지금의 우리는 미래의 시간에 영향을 미칠 수 없다. 우리가 통제할 수 있는 것은 오로지 현재의 시간뿐이다.

스토아 철학이 전하는 말

마르쿠스 아우렐리우스는 삶의 중요한 문제를 깊이 생각하고 분석할 정신적 공간을 확보하기 위해 시간을 철저히 아껴 썼다. 또 집중력을 훈련했으며 쉽게 정신이 산만해지지 않도록 노력했다. 그는 양아버지 안토니누스 피우스가 사망했을 때도 지체하지 않고 황제 근위대 프라이토리아니와 군대에 포상을 베풀어, 이들이 곧장 자신에게 충성하도록 만들었다. 덕분에 그는 권력을 얻기 위해 뇌물을 썼으나 아무것도 얻지 못하고 참수당한 디디우스 율리아누스 같은 후대 황제보다 훨씬 더 오랜 기간 동안 통치할 수 있었다. 정치적으로 혼란했던 시기, 마르쿠스 아우렐리우스는 군사 작전을 펼치느라 바쁜 와중에도 시간 내어 성찰 일기를 썼고, 그 일기는《명상록》으로 영원히 남게 되었다.

일하는 사람을 위한 철학

마르쿠스 아우렐리우스는 소중한 시간을 낭비하지 않기 위해 늘 노력했고 세네카도 마찬가지였다. "우리는 부동산과 돈은 철저히 관리하면서도 가장 아껴야 할 시간을 낭비하는 것에 대해서는 거의 생각하지 않는다."[14]

세네카는 "무엇이든 미루는 것은 다가오는 하루하루를 빼앗고 미래를 기약함으로써 현재를 부정하는 것이다"[15]라고도 했다. 그는 당장 의미 있는 일을 할 기회를 날려버리면 삶은 짧기만 하겠지만 통제할 수 있는 현재에 발 딛고 서서 몇 가지 성과를 거둘 시간은 늘 충분하다고 믿었다.

정신을 멍하게 흩트리지 말자. 시간은 대체할 수 없는 자산이며 돈 주고 살 수도 없다. 마르쿠스 아우렐리우스의 말처럼 끝없는 시간의 심연이 우리를 모두 삼켜버릴 수도 있으므로 최대한 시간을 적게 낭비하려고 노력하는 수밖에 없다.

《명상록》
제4권 43절

"시간은 일어나는 사건들이 만들어 낸 강으로, 그 흐름은 격렬하다. 어떤 사건은 보이자마자 물에 휩쓸려 가고 휩쓸려 간 자리에 다른 사건이 오기도 하지만 이것 역시 금세 떠내려간다."

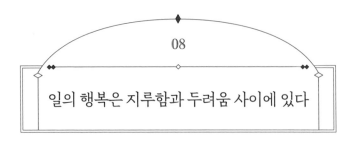

08

일의 행복은 지루함과 두려움 사이에 있다

오스트레일리아 칼럼니스트이자 작가 제인 카로는 자신의 글에 지루함과 두려움 사이에 존재하는 연속체continuum에 관해서 썼다.[16] 그녀는 이 글에서 아서 노스라는 인물이 정의한 행복에 관해서 설명했다. "행복은 지루함과 두려움이 이어지는 연속체 안에 존재한다. 지루함에 더 가깝거나 두려움에 더 가까울 수도 있는 이 행복의 위치는 사람마다, 또 삶의 모습에 따라 달라진다. 지루함에 가까운, 예측 가능하고 편안한 삶을 살 때 행복하다고 느끼는 사람이 있는가 하면 이보다 약간 더 두렵더라도 한편으로 설레는 쪽을 선호하는 사람도 있다."

내 연속체의 균형추는 두려움 쪽으로 약간 더 기울어져 있지만 그렇다고 해서 지나치게 많이 기울지는 않았다. 언론계에서 일하다가 일반 사기업으로 직장을 옮기면서 만난 새로운 세계가 매우 낯설게 느껴진 이후부터는 두려움 쪽에서 조금은 멀리 떨어지게 되었다. 언론계에서 기자로 일할 때는 산불 취재, 의회 청문회, 몰락한 CEO 인터뷰 등 매일 예측할 수 없는 미래가 펼쳐졌다. 그럼에도 하루하루가 어떻게 될지 알 수 없는 불확실성은 기업에서 경험하는 사람, 눈치, 말, 소리와 냄새가 주는 두려움에 비하면 아무것도 아니었다.

매일 편집 방향을 정하기 위해 이용한 뉴스 작성실은 별다른 특징 없는 그저 널따란 공간이었다. 어찌나 넓은지 끝이 보이지 않는 둥근 지구처럼 느껴졌다. 그러다가 대규모 정리해고를 앞둔 때에는 잠시 긴장과 흥분, 야망이 들끓는 분위기로 가득 차기도 했다. 평소에는 언제나 축축한 카펫, 인스턴트 커피, 마감 기한 때문에 생겨난 적당한 압박의 기운을 만날 수 있었다.

일반 기업에 와서는 고급 디자이너 옷을 입은 사람들을 만났고 듣는 사람을 헷갈리게 만드는 기업 용어를 쓰는 일을 마주했다. 탕비실에는 오렌지 주스, 콜라, 식사 대용 간식뿐 아니라 샤넬 넘버 파이브 향수 냄새가 가득했다. 분위기는 활기차고 친근하면서도 복잡하고 미묘했다. 이곳에서는 '회사 게임'에서 지지 않는 방법을 스스로 깨쳐야 했다. 생존을 위해서는 반드시 같은 편을 만들어야 했고 말을 번지르르하게 할 줄 알면서 적당히 자기 자랑도 할 줄 알아야 했다. 무엇보다 회사에서 말하는 가치를 준수하며 사명을 신봉하는 것이 이기는 전략이었다.

어느 정도 운도 필요했다. 회사에는 내게 영향을 주지만 통제할 수는 없는 변수가 많이 있다. 잘한 일을 인정받고 합당한 대가도 얻어 성취감을 느끼면서 일과 삶이 균형을 이루는 것은 거의 모든 직장인이 꿈꾸는 행복한 직장 생활일 것이다. 이 꿈을 이루려면 나를 고용한 사람과 도덕적·철학적으로 결이 맞고 상사가 업무를 너무 많이 주지 않으면서 업무를 수행할 시간과 공간이 확보되는 운이 따라주어야 한다.

미국 작가 아서 브룩스는 행복해지려고 애쓰다 보면 성공이 따라올 것이라고 조언하지만 이 공식이 반대로 작용하지는 않는다고 말했다. 성공한다고 꼭 행복해지지는 않는다는 말이다. 그래도 직장에서 지루함과 두려움을 넘나

일하는 사람을 위한 철학

들면서 일의 행복을 찾는 데 집중하면 생산성이 높아지고 고용주에게 좋은 인상을 심어줄 수 있는 것은 맞다.

스토아 철학이 전하는 말

평소에 보람되게 일하는 사람들도 금요일을 맞아 사무실에서 또 하루를 버텨야 한다고 생각하면 고통에 시달릴 수 있다. 이른 아침, 우리는 열정에 가득 차 활기차게 하루를 맞이하기보다는 5분 간격으로 울리는 알람이 더 이상 울리지 않을 때까지 세 번이나 끄면서 놀이공원에서 대관람차를 타는 것 같은 여유를 부리거나 하루만 쉬었으면 좋겠다고 상상한다.

그러나 스토아 철학은 행복이 자연과 조화를 이루는 선하고 이성적인 정신 상태를 함양하고 외부 사건에 차분하고 무심한 태도를 취하는 데 달려 있다고 보았다. 마르쿠스 아우렐리우스도 참된 이성을 따르는 방식으로 주어진 임무를 수행해야 한다고 조언했다. "자기 앞에 놓인 일을 근면하고 활기차게, 절제하며 해내야 한다. 정신을 흩트리는 것을 쫓지 않고 내 안에 존재하는 순수한 신성神性을 유지한다면 행복한 사람이 될 것이다. 그리하면 온 세상이 나서서 방해한다고 해도 소용없다."[17]

> 《명상록》
> 제5권 36절
>
> "한마디로 행복은 이성의 기능, 정당한 욕망, 미덕의 실천에 달려 있다."

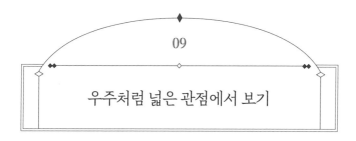

09

우주처럼 넓은 관점에서 보기

감옥에 갇힌 이들에게도 하늘을 올려다보는 건 자유다. 감옥 담장 너머를 올려다보며 지금의 한정된 영역 너머에 펼쳐진, 도달할 수 없는 광활한 세상을 생각할 수 있다. 사무실의 베이지색 벽에 갇혀 바라보는 하늘 역시 큰 의미를 지닌다. 나는 재무팀 샤론이 '이해관계자 생태계stakeholder ecosystem'의 중요성에 관해 이야기하는 것을 들으면서 창밖 너머로 얼핏 보이는 파란 하늘에 집중했다. 샤론은 말하는 동안 견과류 한 봉지를 뜯어서 먹기도 했다. 그녀가 인사팀 톰에 대해 불평할 때 입에서 견과류 파편이 튀어나오고 말았는데, 나는 그럴 때마다 파란 하늘에 정신을 집중하는 일이 매우 이롭다는 사실을 알게 되었다. 높고 넓은 하늘은 샤론이 아직 미성숙하고 대인관계 맺는 일에 능숙하지 못하다는 사실에 신경 쓰지 않고, 나 역시 그래야 함을 깨닫게 한다.

아침 일찍 울리는 알람, 업무와 회의, 샤론의 불평으로 빽빽하게 들어찬 한 주에 정신이 쏠리면 심신이 짓눌리는 느낌이 들 수 있다. 그럴 때 나는 일부러 동트기 전 하늘을 올려다보며 그 광활함에 감탄한다. 옅은 보랏빛으로 물들어 빛나고 있는 그 장엄한 풍경을 일이 방해할 수는 없다.

이렇게 망원경으로 바라보듯 멀리 있는 것을 크게 보는 관점으로 삶을 바라보면 나를 괴롭히는 것이 무엇이든 대단치 않아 보일 수 있다. 별, 은하계, 우주의 절반을 차지하는 블랙홀을 생각하거나 우리가 다중 우주multiverse에 살고 있을 가능성까지 생각하면 자존심과 좌절, 견과류 파편을 튀기며 말하는 사람들을 견디지 못하는 것은 말이 되지 않는다는 사실을 깨닫게 된다. 우리는 거대한 우주의 작디작은 점이다. 물론 그렇다 하더라도 어떤 동료와는 거리를 두고 멀리 떨어져 있게 되어 기쁜 때가 있다….

일하는 사람을 위한 철학

스토아 철학이 전하는 말

스토아 철학자들은 종종 '위에서 내려다보는 관점'이라고 부르는 방법을 사용했다. 자신을 괴롭히는 모든 것에서 한발 물러나 높은 곳에서 세상을 바라봄으로써 사소한 문제를 지우고 삶을 더 나은 관점으로 바라보는 방법이다. 우리가 우주에서 차지하는 위치를 생각해 샤론을 비롯한 모든 사람이 얼마나 작은 존재인지 깨닫는 것과 같다.

마르쿠스 아우렐리우스는 불필요한 걱정 대부분이 자신의 판단에서 비롯된다고 말했는데, 이는 스스로 원한다면 걱정에서 벗어나 자유로워질 수 있음을 의미한다. 그는 "온 세상에 대해 사색하고 세상이 영원히 지속된다는 것과 세상의 모든 것이 빠르게 변한다는 사실을 생각하라. 모든 것의 끝이 시작에서 얼마나 가까운지 생각하라! 생성되어서 해체되기까지의 시간은 아주 짧지만 우리가 태어나기 전과 죽은 뒤의 시간도 무한히 펼쳐져 있음을 생각한다면 그 즉시 마음은 넉넉해지고 여유로워질 것이다"라고 말했다.[18]

사실 넓은 의미에서 보면 우리는 결코 하찮은 존재가 아니다. 우주의 일부인 이곳에 존재한다는 사실만 보아도 매우 중요한 존재임을 알 수 있다. 하지만 우리의 지위, 평판,

개인적 불안은 시공간의 광활함 속에 존재하는 한없이 작은 문제에 불과하다.

마르쿠스 아우렐리우스는 역사의 큰 흐름 안에서 우리의 위치를 면밀히 살피고 생각하는 일도 멈추지 않았다. "자연의 역사를 끊임없이 연구하고, 신체가 한 형태와 종에서 다른 형태와 종으로 발전해 나가는 것을 계속 추적하라. 그리고 이 주제를 자주, 깊이 생각하라. 이것만큼 정신을 위대하게 만드는 것은 없다."[19]

스토아 철학자들은 우주가 살아 있다고 믿었고 모든 것은 로고스logos, 즉 신성한 이성과 논리에서 비롯된다고 여겼다. 이들이 본 우주는 사람, 행성, 구름, 바다, 곤충 등의 본질로 구성된 하나의 살아 있는 개체였다. 이러한 관점에서 인간도 하나의 구성원일 뿐이므로 성과 없는 회의, 무리한 요구를 하는 고객, 다른 사람보다 바쁘다고 불평하는 동료 때문에 생겨나는 걱정과 근심에 무심할 수 있다고 본 것이다.

우주 비행사였던 에드거 미첼은 이렇게 말했다. "우주 공간에 있으면 지구를, 그리고 그 안에 사는 사람들이 얼마나 중요한 존재인지 인식하게 되고 우리를 둘러싼 세계의 현재 상태에 강한 관심과 불만을 품게 된다. 그래서 더 좋은 방향

일하는 사람을 위한 철학

으로 개선하기 위해 뭐라도 하고 싶은 충동도 생겨난다."

진공 상태인 우주에서 샤론의 불평하는 노랫소리는 들리지 않겠지만.

《명상록》
제7권 47절

"마치 별과 함께 움직이는 것처럼 별의 경로를 관찰하고 원소들이 어떻게 변화하는지도 생각하라. 그런 사색은 세상을 살다가 들러붙은 더러운 작은 것들을 씻어준다."

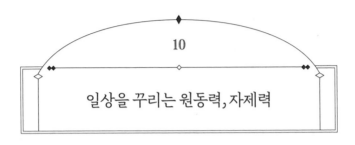

10

일상을 꾸리는 원동력, 자제력

〈끼니로 살펴보는 나의 하루My Day on Plate〉는 주말판 신문에 종종 게재되는 칼럼 주제로 유명인들이 특정한 날에 무엇을 먹는지 소개하는 내용이 담긴다. 그 칼럼을 읽으면 유명인 다수가 레몬즙을 물에 타서 마시는 것으로 하루를 시작해 달걀흰자와 시금치로 만든 오믈렛을 먹고 공기를 먹는 것과 마찬가지일 정도로 가벼운 저녁 식사를 한다는 사실을 알 수 있다. 반면 나는 초콜릿으로 하루를 시작하고 마무리하는데, 주로 소비뇽 블랑 와인으로 그 초콜릿을 씻어내린다. 출근에 대한 보상으로 초콜릿을 먹는 일도 자주 있다. 부족한 자제력을 여실히 드러내는 사례라는 걸 알면서도 일로 받은 스트레스 때문에 그런 것이라고 변명한다.

'절제'는 빽빽한 할 일 목록에서 실제로 한 일 한 가지를 체크 표시하는 것 이상의 의미를 지닌다. 삶 곳곳에 깔린 유혹에 수시로 저항하는 일이니 말이다. 자제력이 뛰어나 절제할 줄 아는 사람은 대체로 재미가 없다. 목표를 달성하기 위해 쓸데없는 일에 신경 쓰지 않고 몰두하는 모습은 그런 굳센 의지가 부족한 우리 같은 사람들이 보기에 꽤 짜증 난다. 할 일을 끝내지 못했거나 영하의 날씨에 새벽같이 일어나서 운동하는 데 실패한 내 모습이 떠올라 기분이 나빠지기 때문이다. 그러나 실은 알고 있다. 이런 사람들이 없으면 제대로 흘러가는 일은 하나도 없을 것이다.

최근 몇 년 사이에는 우리의 회복력을 혹독하게 시험하는 일이 많았고, 그로 인해 외부 환경은 통제할 수 없으나 불필요한 욕망을 버리고 스스로 통제할 수 있는 일에 집중하면 고난을 이겨내고 성장할 수 있음을 깨달았다. 이런 자제력은 앞으로 나아가고 일상을 꾸려가는 원동력이 되어준다. 자제력이 없으면 목표에 도달할 수 없고 성공과도 멀어진다. 자제력을 기르는 데는 시간이 걸리지만 완전히 내 것으로 만들고 나면 풍성한 보상이 주어진다.

한 동료는 이렇게 말하기도 했다. "결국 공로는 전부 다른 사람이 가져갈 텐데 뭐 하러 그렇게 열심히 일하면서 자신을 괴롭혀?" 냉소적인 시각이긴 하나 지치지 않고 일하는 방법을 깨닫게 해주는 말이었다.

친구에게 자제력이 없는 리더와의 일화를 전해 들은 적이 있다. 해외 업무 담당 팀장이 업무 결과물에 브랜드의 본질이 빠져 있다면서 팀원들을 혼냈고 친구는 속으로 '복도 CCTV로 지각생 감시하듯이 우리를 본다니까' 생각했다. 그때 누가 손을 번쩍 들어 물었다. "저희가 뭘 잘못했는지 구체적인 예를 들어 말씀해 주시겠어요?" 그러자 또 다른 누군가가 물었다. "브랜드의 본질이 무엇인지 예를 들어 설명해 주시겠어요?"

그러자 팀장은 팀원들을 보며 고개를 내젓더니 "싫은데. 귀찮게 내가 왜 그래야 하지?" 말하고는 회의 시간이 15분이나 남았는데도 자리를 박차고 나가버렸다.

"그렇게 자제력이 없어서야."

"그렇다면 어떻게 해야 할까?"

"자제력 있는 척하고 오버하지는 말아야지. 그러면 사람들은 '월급 많이 받는 내 상사가 헌신적으로 일하는구나' 생각할 거라고. 실제로는 프로젝트를 성공시키는 일에 적극

일하는 사람을 위한 철학

적으로 개입할 생각이 없다고 해도 말이야. 함께 최선을 다하지만 무리하게 밀어붙이지 않는 상사처럼 보일 수 있는 거지."

정말로 천재적인 생각이 아닌가. 자제력이 없어도 자제력이 있는 척은 언제든 할 수 있다.

스토아 철학이 전하는 말

자제력은 스토아 철학의 본질이다. 마르쿠스 아우렐리우스는 자제력이 삶의 목적을 찾는 데서 시작된다고 생각했다. 목표로 향하는 과정에서 이정표 역할을 하는, 중요한 분기점이 될 수 있는 실행 계획을 세우면 자제력을 유지하면서 최종 목표를 향해 나아가는 데 도움이 된다. 그는 "행동의 방향을 일관되게 하여 삶을 이끌고 각 행동이 목적을 달성하면 그것으로 만족하라"[20]라고 말했다.

하지만 그런 그도 고된 많은 일을 할 때는 진절머리가 나는 것 같았다. 실제로 스승 프론토에게 보내는 편지에 이렇게 하소연하기도 했다. "지난 이틀 동안 밤에 잠잘 때 빼고는 쉬지를 못했습니다. 그래서 스승님께서 제게 보내신 긴

편지를 아직 읽지 못했습니다만 내일 읽을 기회가 있기를 간절히 바랍니다."[21]

마르쿠스 아우렐리우스는 '자발적 고난'을 행하기도 했다. 불편함이 현실이 될 때를 대비해 자신을 단련하며 거듭 시험하는 것이 바로 그것이었다. 분수에 맞게 살자는 계획을 세운 그는 사치품은 필요하지 않다고 생각했고 로마 제국의 빚을 갚기 위해 황궁에 있던 가구를 팔기도 했다. 실제로 원하는 것이 많을수록 삶의 자유와 즐거움은 줄어든다.

우리에게는 큰 초콜릿 두 개를 한 번에 먹어 치우는 대신 두 조각만 먹기, 누군가가 짜증 나게 했을 때 즉각 반응하지 않기 같은 행동 하나하나가 고난에 대비한 훈련이 될 수 있을 것이다.

또 마르쿠스 아우렐리우스는 양아버지 안토니누스 피우스에 관해 이렇게 말했다. "모든 일을 안토니누스의 제자답게 하라. 선행에 대한 그의 열의와 꾸준함, 공평하고 다정하며 경건한 성품, 평온한 모습, 명예를 경멸하는 마음, 맡은 일을 완벽하게 수행하고자 하는 강한 의지 등 그의 면모를 모방하라. 또한 맡은 일을 모든 면에서 다각도로 살펴보기 전까지는 아무것도 묵살하지 않는 것이 그의 방식이었음을 명심하라."[22]

일하는 사람을 위한 철학

마르쿠스 아우렐리우스는 강인한 정신과 주인의식을 지닌 사람만이 장애물을 만나도 배가 흔들리지 않게 하고 앞으로 나아가면서 맡은 소임을 다할 수 있다고 말했다. "식물과 새, 개미, 거미, 꿀벌을 보라. 이 미물들 모두 제 본성을 발휘하며 각자의 몫을 해내기 위해 바삐 움직이는 것을 볼 수 있을 것이다. 그러니 사람이라면 사람답게 행동해야 하지 않겠는가? 왜 본성에 따라 능력을 발휘하고 달려나가지 않는가?"[23] 또 그는 평소 자제력을 몸소 실천하고 있는 이들을 찾아가서 그들이 어떻게 자제력을 완벽하게 익혔는지도 배웠다.

《명상록》
제10권 31절

"그러니 인내하라. 타오르는 불길에 무엇을 던지든 모든 것이 불꽃과 빛으로 변화하듯이 자신에 관한 모든 진리를 소화할 때까지 계속해서 훈련하라."

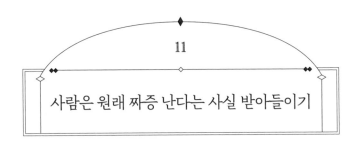

11

사람은 원래 짜증 난다는 사실 받아들이기

원래 사람들 대다수가 짜증 난다. 그리고 실망스럽다. 인류가 탄생한 이래로 계속 그랬다. 짜증 나는 사람들은 어디에나 있다. 동료나 상사, 부하직원, CEO, 재무 담당자 중에 있을 수도 있고 교실이나 직장, 병원, 가게에서 만나는 사람 중에 있을 수도 있다. 짜증 나는 사람들은 모든 산업의 모든 업무 영역에 존재한다.《이코노미스트》에서 '기업계의 콘시글리에레consiglière(마피아 보스의 고문이자 오른팔—옮긴이)'[24]라고 칭하는 경영 컨설턴트 중에도 있을 수 있는데, 이들은 돈 많이 받는 자문 위원으로 여겨지기도 하고 고액의 활동

일하는 사람을 위한 철학

비를 청구하는 영업사원으로 불리기도 한다.

같이 일하는 동료와 잘 맞으면 그보다 기쁜 일도 없다. 업무의 질도 좋아질 뿐 아니라 농담도 주고받고 퇴근 후 함께 술을 마실 사람이 있다는 사실에 즐거워진다. 하지만 동료가 짜증 나는 사람이라 잘 맞지 않으면 직장 생활을 견디기 힘들어지기도 한다.

그들은 무엇 때문에 그렇게 짜증 나는 사람이 되는 것일까? 관심받고 싶어서? 시도 때도 없이 야망을 드러내야 해서? 아니면 그냥 성격이 안 좋아서? 그들의 좋지 않은 성격은 은근히 상대를 저격하는 행위, 집요한 험담, 불합리한 부정적 피드백, 더 나아가 사무실에서 노골적으로 벌이는 싸움 같은 것을 통해 드러난다.

아기처럼 말하는 사람 때문에 짜증이 날 수도 있다. 고객지원팀 케이티는 아기처럼 소리 지르며 내 동료 에밀리에게 화를 냈다. 그녀는 에밀리가 고민 끝에 보낸 회의 안내장을 보자마자 찾아와서 타이어가 펑크 날 때 나는 소리처럼 큰 소리를 내며 왜 주간 회의를 수요일 낮 12시로 잡았냐고 따졌다.

"주간 회의를 정오로 잡았더군요. 난 팀장으로서 개인 시간이 존중받는 걸 정말 중요하게 생각해요. 우리 팀에서는 오전 11시 30분에서 오후 2시 30분 사이에 회의를 잡지 않아요. 팀원들이 원할 때 여유롭게 점심을 먹을 수 있도록 하기 위해서죠."

에밀리는 죽일 듯이 달려드는 케이티에게 조금의 대꾸도 할 수 없었다. 에밀리가 그 일을 겪고 나서 할 수 있었던 일은 내게 메시지를 보내 하소연하는 것뿐이었다. "젠장! 아침 일찍 회의를 잡는 것도 안 되고 점심시간도 안 돼, 애들 학교 픽업 시간도 안 돼. 짜증 나 정말!"

이전 직장 재무팀의 샤론은 새로운 차원의 짜증 나는 면모를 보여주었다. 그녀의 주된 업무는 직원들에게 상사가 하는 모든 말을 앵무새처럼 전달하는 것이었다. 상사가 "업무 절차를 개선해야 한다고 생각합니다"라고 말하면 샤론은 팀원들에게 "더 나은 업무 절차 개발을 진지하게 생각해야 합니다"라고 말했다. 샤론은 사내 합창단원으로도 활동했는데, 그래서인지 동료 앤절라에게 해야 할 일을 노래로 전달하는 것이 적절하다고 생각한 모양이었다. 그녀는 소프라노 톤으로 노래하듯 말했다. "앤절라아아아, 할 일이 더 있어요오오오!"

그때 앤절라는 이미 가득 몰린 일을 처리하며 힘겨운 하루를 보내고 있었다. 게다가 샤론은 앤절라의 상사도 아니

일하는 사람을 위한 철학

었다. 그저 일을 떠넘겨 상사 노릇을 하려는 것이었다. 앤절라도 샤론에게 파도처럼 몰아친 짜증의 맛을 보여주고는 싶었다. 어쩌면 '샤로오오온, 제발 좀 닥쳐 줄래요오오오!' 하고 똑같이 대답해 주는 게 나을 수도 있었다. 그러나 앤절라는 그러지 못하고 뒤에서 샤론을 노려보며 더 이상 그녀와 엮이지 않겠다고 다짐할 수밖에 없었다.

스토아 철학이 전하는 말

마르쿠스 아우렐리우스는 분석적이고 창조적인 사상가기도 했다. 다른 사람에게 간섭받지 않고 삶의 중대한 문제를 평화롭게 심사숙고하기를 좋아했는데 그런 그가 전쟁, 국민 복지, 정치적 내분 같은 당시 로마 제국이 당면한 문제를 고민하고 있을 때 샤론이나 케이티가 선을 넘을 정도로 짜증 나게 굴었다면, 그는 잠시 멈추어 생각한 다음에 어떻게 반응할지 정했을 것이다.

마르쿠스 아우렐리우스는 분명 이렇게 생각했을 것이다. '나 역시 결함이 많고 그들과 다를 바 없다.' 그런 다음 그들이 정말 잘못했다고 확신하는지 생각해 보고 스스로 질문했을 것이다. '내가 누구를 판단할 수 있단 말인가?' 그는 실제로 《명상록》에 이렇게 썼다. "누군가를 판단할 자격을 갖추려면 그전에 아주 많은 것을 철저히 알아야 한다."[25]

마르쿠스 아우렐리우스는 한발 뒤로 물러나 마주한 순간을 균형 잡힌 시각으로 바라보려 했다. "몹시 화가 나고 짜증이 치밀 때는 인생은 한순간이고 우리 모두 오래지 않아 무덤에 눕게 되리라는 것을 기억하라."[26]

마르쿠스 아우렐리우스는 매일 하루를 시작할 때, 화나 있고 조급하고 고마워할 줄 모르는 사람들을 마주칠 것이라 예상했다. "매일 아침에 이렇게 말하며 하루를 시작하라. 참견하기 좋아하는 사람, 고마워할 줄 모르는 사람, 오만한 사람, 사기꾼, 질투하는 사람, 사회성이 떨어지는 사람을 만나게 될 것이다. 사람들이 이런 결점을 지니게 된 이유는 그들이 선이 무엇이고 악이 무엇인지 모르기 때문이다. (…) 이들 중 그 누구도 나를 추악한 일에 끌어들일 수 없기에 나를 해칠 수도 없다. 또한 나는 동일한 본성을 지닌 동족에게 화낼 수 없고 그들을 미워할 수도 없다."[27] 이런 식으로 마음을 대비한 덕분에 그는 다른 사람에게 절제된 반응을 보여줄 수 있었다.

또 그는 세상이 자신을 중심으로 돌아가지 않는다는 사

실도 받아들였다. "자신의 결점에서 손을 떼지 않으면서 다른 사람의 결점을 피하려고만 하는 것은 가능하지도 않을 뿐더러 매우 어리석은 짓이다."[28]

케이티와 샤론에게 말 폭탄을 퍼부어 깨달음을 주고 싶은 유혹을 느끼는 우리에게 마르쿠스 아우렐리우스는 그들과 똑같은 사람이 되지 말라고, 한 발짝 물러나서 그들의 이야기를 들으라고 말할 것이다. 침묵은 필사적으로 자기주장을 내세우는 것보다 더 강력한 반응이며 분노는 이성적으로 생각하고 공감하는 능력을 약화할 뿐이다. 짜증 나는 사람들에게 침착하게 대응하면 상대에게 열 올리지 않고 반응할 수 있게 된다.

마르쿠스 아우렐리우스는 짜증 내려는 우리에게 "이성적 생명체는 서로 이롭게 하도록 만들어졌으며 사교적 기질은 인간의 본성이 가장 중요하게 추구하는 바다"[29]라는 말로 평정심을 일깨워 준다.

서기 169년, 마르쿠스 아우렐리우스가 공동으로 황제직을 수행하던 루키우스 베루스를 독살했다는 소문이 돌았다. 당시 루키우스는 도박을 일삼고 공동 황제로서 해야 할 임무를 충실히 이행하지 않고 있었다. 마르쿠스조차 자신의 조언을 따르기 어려웠던 날이 있었던 모양이다.

《명상록》
제8권 47절

"어떤 외부 요인 때문에 괴롭다면 너를 괴롭히는 것은 그 요인
자체가 아니라 그것에 대한 너 자신의 생각이라는 사실에 주목
해야 한다."

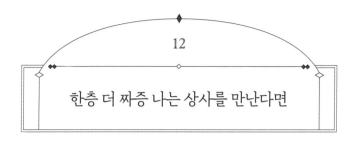

12

한층 더 짜증 나는 상사를 만난다면

까다로운 동료나 자문 위원도 문제지만, 까다로운 상사는 일터의 삶 전체를 좌지우지하는 막강한 영향력을 발휘한다. 부하직원으로 일해보면 상사의 성향을 제대로 파악하게 된다. 편안하고 느긋한 성격인지, 팀원들의 기운을 북돋우고 노력을 인정해 주는지, 팀원의 성과를 가로채거나 회의에서 폭탄 발언을 하는 불쾌한 습관이 있는지까지도 알게 되기 때문이다. 관찰력이 예리한 사람이라면 꽤 일찍 알아차릴 것이다.

상사가 회의 시간을 잘 지키는가? 일을 잘하면 격려해 주고 개선해야 할 점과 발전시킬 수 있는 점을 알려주는가? 혹시 지각하고도 사과하지 않고는 다가와서 고작 한다는 말이, 다른 팀원들은 무능하다고 험담하면서 '너는 잘하고 있으니 괜찮다'라는 말로 안심시키는가? 그렇다면 이 경우에는 회사 내에서 다른 역할을 찾아 팀을 옮기는 편이 좋다. 아니면 상사가 이런 말을 하지 않을 때까지 계속 전화해서 나의 무능함을 알려달라고 친한 동료에게 말해 부탁하는 방법도 있다.

한때 내 상사는 컴퓨터 화면을 열어 놓고 화장실에 가면 불같이 화를 냈다. 그는 사무실을 배회하다가 직원이 화장실에 간 틈을 타 민감한 정보를 훔치려는 잠재적 범죄자들이 있으니 반드시 화면을 잠금 상태로 해놓으라고 신경질적으로 말했다. 내 모니터 화면에 보이는 민감한 정보라고는 헐렁한 원피스를 보여주는 맞춤형 광고뿐이었는데도 말이다. 또 그는 자신이 바라는 바를 아무에게도 말하지 않으면서 부하직원이 텔레파시로 그 뜻을 이해하지 못하면 곧장 화를 냈다. 호머 심슨과 자바 더 헛을 섞어 놓은 듯한 외모의 그는 부하직원의 성과도 가로챘다. 그가 에뮤 떼에게 공격당해 다친다고 해도 내가 걱정하며 잠 못 이룰 일은 없었을 것이다.

일하는 사람을 위한 철학

기분이 상하면 겨우 몇 센티미터 떨어진 곳에서 얼굴을 바짝 들이밀고 소리를 지르는 상사도 있었고 부하직원들을 초등학생처럼 대하며《누가 내 치즈를 옮겼을까?》에서 발췌한 구절을 인용해 말하는 상사도 있었다. 그 사람은 직원에게 분기별로 급여의 10퍼센트를 보너스로 지급하는 정책을 없애고 그 대신 회사 로고가 박힌 가죽 재킷 주머니에 현금을 넣어 선물하는 일도 저질렀다.

예전 동료에게 스스로 '마미'라는 호칭을 써서 말하는 상사에 관해 들은 적도 있다. 그 상사는 이렇게 말했다고 했다. "여러분이 다른 회사에 지원한 걸 알게 되면 마미는 기분이 좋지 않을 거예요. 마미가 죽여버릴 거예요…."

형편없는 상사 때문에 일터를 옮기면서 이번에는 다르기를 바라더라도 반드시 더 나아진다는 보장은 할 수 없다. 새로운 직장에서 긍정적인 마음가짐으로 일을 시작하지만 오래가지 않아 팀장이 한층 더 짜증 나는 사람인 것 같다고 깨닫게 될 수도 있을 것이다. 그러면 그를 안 좋은 시선으로 바라보게 될 테고, 뒷감당할 일이 걱정돼서 상사 때문에 골치 아프다고 아무에게도 털어놓지 못할 수도 있다. 더구나 그가 지나치게 비합리적이라면 정신이 몹시 피폐해질 수도 있다.

이렇게 짜증 나는 상사를 만나면 좁은 골목에서 토사물을 보았을 때처럼 최대한 멀리 도망치는 게 상책이지만 상사가 짜증 난다고 해서 반드시 회사를 그만두어야 하는 것은 아니다. 그 사람과 공통점을 찾으면서도 서로 넘어서는 안 되는 경계를 설정하고 한 수 앞서 내다보면 좌절감을 크게 줄일 수 있다.

스토아 철학이 전하는 말

마르쿠스 아우렐리우스는 존경하는 지도자들을 연구했고, 최고로 일컬어지는 지도자들은 인격을 갈고닦으면서 열심히 일하고 비판을 수용하는 동시에 단순하게 살면서 칭찬을 갈망하지 않는다는 사실을 알아냈다. 상사 때문에 어려움을 겪게 될 때, 우리는 먼저 그 어려움으로 스스로 자신을 괴롭히지 않도록 노력해야 한다. 마르쿠스 아우렐리우스의 말에 따르면 영혼에 영향을 미치는 것은 우리 내면의 신념뿐이다. 그는 다른 사람이나 외부 사건을 스스로 해롭다고 해석하지 않는 한 그것 때문에 머릿속이 혼란스러워질 일은 없다고 믿었다.

완벽한 사람은 아무도 없으므로 직장 상사에게도 결점이 있을 가능성은 당연히 매우 크다. 그러나 중요한 것은 그들이 아니라 우리가 그들에게 어떻게 반응하느냐다. 앞서 이야기했듯이 스토아 철학에서 가장 강조되는 실천 사항은 통제할 수 있는 것(바꿀 수 있는 것)과 통제할 수 없는 것(바꿀 수 없는 것)을 구분하는 일이다. 잊지 말자. 우리가 영향력을 행사할 수 있는 일과 그렇지 않은 일을 구분하는 태도에 언제나 해답이 있다.

혹시 상사가 말을 잘 걸지 않아서 '내가 얼마나 일을 못하길래 그러나' 하고 속으로 전전긍긍해 본 적 있는가? 그건 그저 상사가 할 일이 많거나 내성적인 사람이라서 그럴 확률이 높다. 그러니 앞서 불안해하지 말자. 상사가 일을 많이 떠넘기면서 이를 '한 단계 성장할 기회'로 포장한다면(2부 〈정중한 거절을 위한 용기가 필요하다〉 참고), 내가 통제할 수 있는 것들은 통제하면서 상사에게 다가가기가 어렵더라도 찾아가서 내게 거는 기대치를 묻고 그에 관해 이야기를 나누어야 한다.

마르쿠스 아우렐리우스는 서기 161년부터 180년까지 로마 제국을 통치하면서 "파도가 끊임없이 밀려와 부서져도 굳건히 서서 용솟음치는 바닷물을 고요하게 만드는 해안의 넓은 바위처럼 되는 것"[30]을 목표 삼아 현명한 지도자로 명성을 쌓았다.

황제로서 그는 '황제 노릇에 물드는 일'을 피하는 것이 중요함을 잊지 않으려 했다. "황제 행세를 하려 들지 말고, 황제 노릇에 물들지 않도록 조심하라. 그렇게 되기가 쉽다. 소박하고, 솔직하고, 도덕적이고, 성실하고 겸손하라. 정의와 경건함이 인격에 자리 잡도록 하라. 성격에 온화함과 다정함이 깃들도록 하며 일할 때는 언제나 진취적이고 활기차게 임하라."[31]

그는 지도자도 보통 사람과 마찬가지로 흔들릴 수 있기에 신과 같은 분위기를 풍기려고 하면 안 된다고 생각했다. 그와 동시에 훌륭한 지도자는 사람의 인간성, 존엄성, 자부심을 염두에 두고 결정을 내리되 다른 사람의 행동을 너무 빨리 판단하는 함정에 빠지지 않도록 해야 하며 감정을 잘 다스리고 문제가 생겼을 때 침착하게 대처해야 한다고 강조했다.

일하는 사람을 위한 철학

《명상록》
제7권 70절

"신들은 영원히 살기에 인간과 인간의 형편없는 행동을 끊임없이 참아내야 하지만 못마땅해하거나 짜증 내지 않는다. 도리어 더 나아가 적극적으로 인간을 보살핀다. 반면에 너는 네 자신도 형편없는 인간 중 한 사람이면서도 살아가는 짧은 시간 동안 사람들을 돌보려고 하지 않는다."

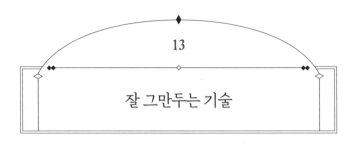

13

잘 그만두는 기술

업무량이 걷잡을 수 없이 늘어난 상황에서 대외협력팀 스티브까지 회의에서 기죽이는 말로 괴롭혀 오면, 혹은 밤 10시에 상사가 전화로 프로젝트 진행 상황을 물으면 자연히 퇴사를 생각하게 된다.

이렇듯 일터에서 고단한 하루를 보내면 보낼수록 더 쉽게 회사를 그만두는 상상에 빠진다. 상사의 책상에《까다로운 사람 관리하는 법》을 한 권 놓아두거나 책상에서 벌떡 일어나 "잘 있어라, 멍청이들아!" 하고 외친 다음 쓰레기통을 발로 차고 나가는 길에 스티브의 머리를 엉망으로 흩트리는

일하는 사람을 위한 철학

상상을 해본 적 있는가? "나는 오늘부로 미국 대통령직에서 사임합니다"라고 말한 리처드 닉슨처럼 한 문장짜리 사직서를 쓰거나 상사에게 '할 만큼 했어요' 문자를 보내는 상상은?

출근하지 않는 상상은 꽤 자주 할 것이다. 학교에서 상담 교사로 일하는 한 친구는 내게 이렇게 말했다. "얼마 전에 동료 한 명이 또 그만뒀어. 그래서 우리 팀에는 나와 내 나이의 절반밖에 안 되는, 원로 배우 체비 체이스가 누군지도 모르는 어린 직원밖에 안 남았어. 나도 출근하지 말까 생각 중이야."

고용주의 강요로 어쩔 수 없이 퇴사를 결심할 때도 있다. 회사는 공개적으로 직원을 내보내기도 하지만 성과가 좋지 않은 직원을 업무에서 최대한 배제하는 '조용한 해고' 방식을 택하기도 한다. 조용한 해고는 노동자가 실제로 그만두지는 않으면서 최소한의 업무만 하는 '조용한 퇴사'의 반대 개념이다. 사실상 직원이 부당한 대우 때문에 스스로 그만두게 만드는 조치다.

스스로 퇴사를 결심하기는 쉽지 않다. 우리는 왜 다른 곳에 취업하는 선택지가 있는데도 조금의 즐거움도 주지 않는 일에 계속 매달릴까? 밑 빠진 독에 정서적 에너지와 시간과 노력을 계속 쏟아붓고 있다는 사실을 알아도 쉽게 그만두지 못하게 만드는 인지 작용이 일어나기 때문이다. 예측할 수 없는 변화보다는 예측 가능한 현상 유지가 더 낫다고 생각하는 것이다. 우리의 행동 양식은 현재 상황을 고수하도록 굳어졌다.

그만둘 때를 아는 것은 기술이다. 사업개발팀 리앤이 코맹맹이 소리로 말했다는 이유만으로 더 이상 못 참겠다는 생각이 크게 든다면, 또는 지속해 온 업무가 적성에 맞지 않거나 직속 상사가 한 사람이 해낼 수 있는 업무 범위를 알지 못해 내게 지나치게 많은 일을 준다면 그만두기를 생각해볼 만하다.

내가 처음으로 그만두기의 기술을 배운 시점은 학교에서 열린 50미터 수영 경기에 출전한 열 살 때다. 다른 선수들보다 꽤 많이 뒤처지고 있던 나는 그들이 경기를 마친 뒤에도 힘겹게 수영하며 앞으로 나아가고 있었다. 관중들의 느릿해진 박수 소리마저 거의 사라져 가던 그때, 결국 경기 진행자가 확성기를 들고 다음 경기를 시작해야 하니 수영장에서 나가라고 내게 소리쳤다. 무슨 일이 있어도 끈기를 갖고 끝까지 해내는 것은 좋은 태도지만 언제나 그래야 하는 건 아니라는 교훈을 처음 얻었다.

직장에서 만난 사람과 관계가 망가지는 길을 걷고 있는

경우에는 다시 돌아갈 다리마저 불태우고 싶은 생각이 들기도 할 것이다. 그러나 조금 멀리 볼 필요가 있다. 이곳을 그만두면 새로운 일터가 필요해질 테고 새로운 일터에서 나에 대한 평판 조회를 실행하면 나를 좋게 이야기해 줄 사람이 필요하다. 또 먼 훗날 짜증 나는 지금의 상사에게 연락해 무언가를 요구하게 될 수도 있다. 그러니 갑자기 엄청나게 큰돈을 상속받을 일이 없다면 가능한 한 품위 있게 퇴장해야 한다.

잘 그만두려면 용기가 필요하다. 충격의 정도는 덜하겠지만 퇴사는 인간관계를 끝내는 것과 비슷하다. 내가 결정한 사항을 공손하게 전달하기만 하면 되는 것이 아니니 말이다. 그만두겠다고 말하고 나서 실제로 퇴사하기 전까지는 일하는 것이 마치 물 대신 접착제로 채워진 수영장에서 수영하는 일처럼 느껴진다. 동기를 부여하던 것들이 모두 사라졌기 때문에 같은 일을 하더라도 훨씬 더 많이 노력해야 한다. 동료들은 이 시기의 내 모습을 가장 잘 기억한다. 빈둥대며 일하거나 점심을 먹으러 간다고 해놓고 3시간 동안 나타나지 않으면 더 오랫동안 이 모습이 동료들의 기억에 남게 될 것이다. 남은 몇 주 동안 열심히 일해서 가장 좋은 평가를 받고 떠나는 게 최고의 마무리다.

무엇보다 중요한 것은 퇴사할 때 후련하게 비판적인 피드백을 쏟아내고 싶은 충동을 억누르는 것이다. 상사에게 내 문제가 아니라 다른 동료들 때문에 퇴사한다고 말해봤자 혼자 일시적인 위안만 얻을 뿐이다. 또 조금은 객관적인 시선으로 그동안 거쳐 온 직장에서 겪은 일들을 바라보면 짜증이 나다가도 동일한 문제 패턴을 발견할 수도 있다. 다른 동료들이 아닌 나에게 문제가 있었을 가능성을 배제하지 말자.

퇴사를 결정할 때는 너무 오래 고민하면서 정신적 에너지를 낭비하지 않고 빨리 결정하는 것이 낫다. 올바른 결정이라는 증거를 찾으려고 마냥 기다리거나 다른 사람의 허락을 받을 필요 없으니 왜 떠나고 싶은지 생각하면서 마음을 정확히 들여다보기만 하면 된다.

퇴사한 뒤에는 금세 깨닫게 될 것이다. 대부분의 시간을 보낸, 거대해 보였던 직장이라는 곳이 생각했던 것과는 달리 그다지 우주의 중심이 아니라는 사실을 말이다. 그곳은 혼잡한 시장에서 관심 끌려고 경쟁하는 회사 중 하나일 뿐이다. 사람과 회의, 업무량, 실수 때문에 괴로워한 그 모든 시간을 떠올리면 그제야 비로소 '대체 왜 그렇게나 걱정했지?' 하는 의문이 들 것이다.

스토아 철학이 전하는 말

마르쿠스 아우렐리우스는 황제직을 그만둘 기회를 얻지 못했고 결국 전염병에 걸려 일과 삶의 마지막 순간이 다가왔음을 알게 되자 이렇게 말했다고 한다. "모두에게 영향을 미치는 전염병과 죽음을 생각하며 울어야지, 왜 나 때문에 우느냐?"[32]

또 그는 하던 일을 고결하게 그만두고 본심을 말하고 싶은 유혹에 이끌리지 말라고 조언하면서 그 자신도 다른 사람들에게서 품위 있게 행동하는 법을 배우고자 했다. "함께 살아가는 이들의 도덕관에 미덕의 본보기가 최대한 많이 드러나는 것만큼 기쁜 일도 없다. 우리 누구나 늘 이런 본보기를 드러내고 또 배우는 노력을 해야 한다."[33]

물론 직장에서 경험하는 일을 이야기할 때는 마음을 다스리기가 쉽지 않다. 다른 사람을 탓하거나 자신도 모르게 업무에 대한 불만을 정당화할 수도 있다. 마르쿠스 아우렐리우스의 말을 떠올리며 마음을 다잡도록 해보자. "다른 사람의 잘못으로 자신을 괴롭히지 말고 그 잘못을 해결해야 할 사람들에게 맡겨 두어라."[34]

그만두기는 끝과 관련이 있다. 스토아 철학자들은 삶의

큰 어려움에 맞닥뜨렸을 때 언젠가는 죽어야 하는 운명을 떠올렸다. 그들은 죽음을 맞이하면서 삶의 한 단계가 끝이 나고 다른 단계가 시작된다고 여겼다. 스토아 철학의 기저에는 '언젠가는 죽는다는 것을 기억하라', '생이 유한함을 기억하라'를 의미하는 라틴어 '메멘토 모리Memento mori'의 정신이 깔려 있다. 스토아 철학자들이 어떤 식으로 삶에 균형을 잡으려 했는지 보여주는 격언이다.

마르쿠스 아우렐리우스는 덕을 갖춘 삶을 다짐하기만 하고 실천을 미루면 안 된다고도 했다. "언제든 삶을 그만두게 될 수 있으므로 모든 행동, 말, 생각에 신중하라."[35] 그는 사는 동안 침략군, 암살자, 건강 악화로 인해 여러 번 죽을 위기에 처했고 수많은 친구와 동료, 가족의 죽음을 견뎌냈다. 이런 이유로 자연스럽게 언제든 죽을 수 있다는 가능성을 생각하게 되었고 균형 잡힌 시각으로 삶을 바라보아야 한다고 주장할 수 있었다.

세네카 역시 더 나은 삶을 살기 위해 죽음에 대해 성찰했다. "삶의 마지막이 다가옴을 생각하고 마음을 준비하자. 그 무엇도 미루지 말자. 장부를 정리하듯이 삶의 균형을 맞춰야 한다. (…) 매일을 삶의 마지막인 것처럼 살아내는 사람은 결코 시간이 부족하지 않다."[36]

일하는 사람을 위한 철학

《명상록》
제11권 12절

"영혼은 둥글둥글한 형태를 유지한다. 그래서 어떤 대상을 향해 확장하거나 안으로 수축하지 않고 흩어지거나 가라앉지도 않는다. 또 빛을 받아 반짝이고 그 빛으로 만물의 진리와 그 자체로 존재하는 진리를 본다."

2부

마르쿠스
아우렐리우스처럼
위기 다스리기

Stoic at Work

Stoic
at
Work

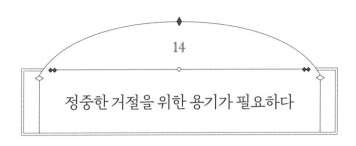

14

정중한 거절을 위한 용기가 필요하다

어느 금요일 아침, 팀은 단체 채팅방에 도움을 요청하는 메시지를 보냈다. 산더미 같은 업무에 시달려 죽을 것 같았기 때문이다. 상사에게도 업무량이 감당할 수 없을 정도로 많다고 설명했으나 상사는 우선순위와 더 효율적으로 일하는 방법을 생각함으로써 한 단계 성장할 수 있는 기회니 그냥 계속하라고 말했다. 팀은 모든 것을 내려놓은 듯한 목소리로 내게 하소연했다.

"내가 그냥 똥통에 빠져 죽게 하려는 모양이야."

팀은 자신이 노력하면 상황이 달라질 것이라는 기대를

품고 한 주를 시작해왔다. 일을 통해 만족을 얻고 발전을 이룰 수 있을 거라고 믿으면서 말이다. 그러나 언제나 주말이 되면 그 어느 때보다 부정적인 생각에 사로잡히면서 낙담했다. 그는 내게 한 주 동안 자신의 심리 상태가 어떻게 달라지는지 알려주었다.

월요일 '아, 새로운 주가 시작되었군! 열심히 일해서 돈 벌어야지.'

화요일 '그래, 괜찮아. 커브볼이었어. 오늘은 계획대로 흘러가지 않았지만 다시 하면 되지 뭐.'

수요일 '내가 일 때문에 코딩을 배우려면 시간이 얼마나 걸릴지 알게 되었어. 남은 평생 지하실에 틀어박혀 일만 하고 아무도 만나지 않으면 가능하겠군. 이 고통을 무마하려고 술이나 잔뜩 마셔대겠지.'

목요일 '이 회사와 이 회사를 위해 일하는 모든 사람이 싫어. 그들에 관한 안 좋은 얘기를 언론에 흘려야 하나?'

금요일 '좋아. 6시만 돼 봐라. 얼른 퇴근해서 주말 동안 내 삶을 다시 검토해야겠어.'

주말 일 생각만 함.

일하는 사람을 위한 철학

팀이 직면한 가장 큰 문제는 상사가 업무를 처리하는 데 걸리는 시간을 고려하지 않고 그에게 엄청난 양의 일을 준다는 것이었다.

"동료 둘이 퇴사한 뒤로도 나는 쭉 자리를 지키고 있어. 상사는 일관성 없이 애매하게 나를 관리해."

지금 팀에게 필요한 것은 무엇일까? 그것은 바로 '안 됩니다'를 말할 용기다. 코로나19 팬데믹으로 직장 생활과 가정생활의 경계가 모호해진 때, 많은 사람이 번아웃에 시달렸다. 재택근무를 하면서 오히려 업무량이 증가했는데, 이 업무량은 다시 사무실로 복귀한 뒤에도 유지됐다. 그러므로 스스로 업무 경계를 명확히 설정하고 이 경계를 넘으면 정중히 '안 됩니다'를 말할 수 있어야만 한다. 작가 올리버 버크먼의 주장에 따르면 이렇게 거절함으로써 일을 잘해내는 데 필요한 최소한의 시간과 공간을 만들고 에너지를 지켜내는 일이 가능해진다.

'됩니다'라는 말은 정말 중요한 일을 해내기 위해 최대한 아껴두어야 한다. 안 된다고 거절하는 이유를 지나치게 길게 설명할 필요도 없다. 최대한 정중하게 거절하고 업무 경계가 필요한 이유를 간단히 설명한 다음에 하고 있거나 해야 하는 중요한 일을 하면 된다.

단, 기억해야 할 사항이 있다. '안 됩니다'라는 대답이 언제나 좋은 결과로 이어지지는 않을 수 있기에 신중해야 한다는 것이다. 영화배우 윌 스미스는 〈와일드 와일드 웨스트〉에 출연하려고 〈매트릭스〉의 네오 역할을 제안받았을 때 안 된다고 말하며 거절했다. 1990년대 후반에 야후는 구글을 100만 달러에 인수하라는 제안을 거절함으로써 미래 수익 수십억 달러를 날렸다.

스토아 철학이 전하는 말

다른 사람의 업무 요청을 들어줘야 한다는 압박감을 느끼는 사람에게 마르쿠스 아우렐리우스는 꼭 해야 하는 중요한 일을 하고 그렇지 않은 일은 버리라고 조언할 것이다. "우리가 하는 말과 행동은 대부분 불필요한 것이므로, 이를 잘라 버리면 여가 시간이 생기고 혼란도 줄어들 것이다."[1]

이쯤에서 우리는 왜 무언가에 맹목적으로 동의하는지 생각해 보아야 한다. 허영, 탐욕, 두려움 때문일까? 아니면 실제 답은 '아니오'인데도 동의하는 것처럼 보이고 싶어서? 마르쿠스 아우렐리우스는 '에우테미아euthymia'라는 그리스

일하는 사람을 위한 철학

어 단어로 이를 설명한다. 에우테미아는 일반적으로 '평온함'이라고 번역되지만, 정신을 다른 데 쏟지 않고 한 길만 걷는다는 의미도 있다. 한발 물러서서, 알고 보면 중요하지 않은 회의, 일정, 초대, 요청의 노예가 되지 말아야 함을 일깨우는 말이다.

그는 이렇게 말하기도 했다. "이러한 자질을 방해하는 공상을 품지 않도록 하라. 이는 매사에 마지막인 것처럼 행동하고 식욕과 욕정이 이성을 거스르지 않게 하고 경솔함을 피하고 불성실과 자기애에 물들지 않고 운명을 불평하지 않는다면 가능하다."[2]

《명상록》
제2권 5절

"신과 같은 방식으로 살기 위해 인간이 갖춰야 할 점이 몇 가지 있다. 꾸밈없는 당당함과 독립심과 정의감을 가지고서 자신에게 맡겨진 소임을 정확하게 완수하고, 어떤 일을 할 때마다 마치 그 일이 이 땅에서 하는 마지막 일인 것처럼 행하라. 이 경지에 오른 사람은 신이 인간에게 요구하는 모든 것을 해낸 셈이다."

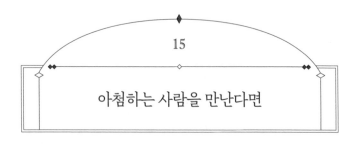

15

아첨하는 사람을 만난다면

굽실대며 아첨할 것인가 말 것인가는 많은 일터에 존재하는 뜨거운 논쟁거리다. 사람들 대부분 아첨이라는 말에 못마땅하다는 듯이 눈을 굴리다가도, 직장 생활의 어느 지점에 이르면 자진해서 경영진의 자만심을 어루만지며 비위를 맞춘다.

나 역시 능숙하게 아첨하는 이들을 만나면 나는 어떻게 해야만 하는 것인지 고민에 빠진다. 그들은 상사 근처를 맴돌다가 적절한 타이밍에 칭찬을 건넨다. 회의에서는 "정말 훌륭한 지적이십니다. 저도 같은 생각을 하고 있었습니다"

일하는 사람을 위한 철학

라든지 "(방금 상사가 한 말에) 전적으로 동의합니다" 같은 짜증 나는 말을 내뱉으며 상사의 말을 똑같이 따라 한다.

칭찬은 스펙트럼처럼 연속해서 펼쳐진다. 그 스펙트럼의 한쪽 끝에는 숨은 의도 같은 것 없이 평범한 인간이 예의를 갖추어서 하는 진정한 칭찬이 있는 반면 반대쪽 끝에는 승진하기 위해 전력을 다해 꾸며내는, 구토를 유발하는 아첨이 있다. 야망과 자존심에서 비롯된 인위적인 칭찬이 틀림없다.

안타까운 사실은 회사에서는 아첨하는 이들에게 보상이 돌아갈 때가 많다는 것이다. '아첨은 절대 안 된다'라는 원칙을 강력히 고수하는 사람이라면, 아첨하며 승진이라는 기둥을 붙잡고 오르는 동료에게 밟혀 머리에 발자국이 남을 수도 있다. 아첨을 목격하는 것보다 그 아첨이 효과가 있다는 것을 깨달을 때 더 짜증이 밀려올 것이다.

직장 생활 중에 찾아오는 결정적 순간은 몇 없다. 입사, 승진, 큰 계약 체결 정도가 전부일 것이다. 그 밖의 생활은 단막극 한 편이 끝나고 다음 편으로 넘어가듯 큰 사건 없이 소소한 일들이 벌어지며 이어진다. 아첨하는 상황에 휘말리는 것도 한 편의 단막극 정도로 볼 수 있다.

직급 간 격차를 해소하기 위해 직원들을 무작위로 선발

해 고위 경영진과 함께 점심을 먹는 모임인 '다이애고널 슬라이스diagonal slice('사선으로 자른 조각'이라는 뜻으로, 조직을 사선으로 자른 듯이 나눠서 다양한 계층의 직원들이 만나게 되는 자리를 뜻한다—옮긴이)'에서는 아첨이 난무한다. 이 자리에 참석한 사람의 임무는 임원이 늘어놓는 성공담을 듣고 그에 대한 질문을 몇 가지 한 다음, 다시 임원이 잘 모르는 익명의 존재로 돌아가는 것이다. 물론 이건 아첨하지 않을 때의 이야기다. 아첨하는 사람이 하는 일은 임원에게 칭찬 세례를 퍼부으며 자신의 뛰어난 점을 슬며시 언급해, 임원의 머릿속에 다음번 승진 및 급여 인상 대상자로 자신을 떠올리게 하는 씨앗을 뿌리는 것이다.

이렇게 경영진에게 슬며시 다가가는 짓을 하지 못하는 우리 같은 사람들은 그냥 그 자리에 앉아서 나무처럼 뻣뻣하게 긴장한 채 미소 지으며 고개를 끄덕이고 샌드위치를 조심스레 한입 베어 무는 수밖에 없다. 채소가 이 사이에 끼지 않기를 바라면서.

그러나 아첨하는 사람들에게서도 배울 점은 있다. 적절한 타이밍에 상대방에게 적절한 말을 건네는 능력은 프로젝트가 순조롭게 진행되지 않거나 자기 PR이라는 수레바퀴에 기름칠을 약간 해야 할 때 유용한 기술이다. 하지만 자기 이익을 챙기거나 교묘하게 조종한다는 인상을 주지 않고 진정성 있는 모습으로 보이도록 해야 한다. 이뿐만 아니라 나 역시도 다른 사람들에게 관심을 쏟고 그들의 반응에 주의를 기울여야 한다.

스토아 철학이 전하는 말

마르쿠스 아우렐리우스는 높은 자리에 앉아 있는 사람의 비위를 맞추고자 열심인 아첨꾼의 거짓 칭찬에 익숙했으며 이렇게 조언했다. "모든 것이 얼마나 빨리 잊히는지 보라. 또 현재의 양면, 즉 과거부터 미래로 이어진 무한한 시간이라는 혼돈, 박수의 공허함, 칭찬하는 척하는 사람들의 변덕과 판단력 부족에 주목하라."[3] 마르쿠스 아우렐리우스는 강력한 힘이 있는 위치에 있을 때는 진실을 판단하기가 더 어려울 수 있다는 것도 알았다(2부 〈자의식도 관리가 필요하다〉 참고).

프론토는 마르쿠스 아우렐리우스의 능력을 설명하는 척하면서, 그를 율리우스 카이사르에 비교하는 식으로 아첨하기도 했다. "율리우스 카이사르는 갈리아에서 가장 치열

한 전투에 참전하던 중에도 여러 군사 서적 이외에 고도의 세심한 연구가 필요한 책을 두 권이나 썼습니다. 비유에 관한 그 책에서는 나팔과 트럼펫이 울리고 화살이 날아다니는 가운데, 명사의 어형 변화, 단어의 기식음화aspiration(무성 폐쇄음 [p], [t], [k]에 내뱉는 숨소리가 섞이는 현상─옮긴이)에 대해 논합니다. 그렇다면 마르쿠스여, 카이사르만큼 능력이 뛰어난 그대이니 의무를 다하고 나면 연설, 시, 역사, 철학자들의 사상을 읽는 것도 좋지만 자신을 위한 시간도 가져야 하지 않겠습니까?"[4]

아첨은 자아를 부풀리고 부푼 자아는 발전을 가로막는다. 마음을 열고 솔직한 피드백에 귀 기울이지 않으면 앞으로 나아갈 수 없기 때문이다. 마르쿠스 아우렐리우스는 아첨의 무의미함을 알았고 과장된 말을 믿고 권력과 찬사에 휘둘리면 위험하다는 것도 잘 알았다. "분노와 마찬가지로 아첨도 경계해야 한다. 이 두 가지 모두 사회의 이익에 반하며 엄청난 해악을 초래하기 때문이다."[5]

말처럼 쉬운 일은 아니다. 잘한 일로 칭찬받았을 때 그 칭찬의 진정성과 상관없이 마음속에서 훈훈하게 피어나는 빛을 외면하거나 내가 한 칭찬에 상대방이 기뻐하는 모습을 못 본 체하기가 힘들기 때문이다. 그렇기에 그는 《명상록》

일하는 사람을 위한 철학

을 쓰면서 명성과 칭찬의 공허함에 대해 자주 고찰했다. "칭찬하는 사람과 칭찬받는 사람, 기억하는 사람과 기억되는 사람 모두에게 삶은 짧다."[6]

스토아 철학자들은 훌륭한 삶을 살기 위해서는 자기 성찰과 수행을 취미로 삼아야 하며 칭찬 자체에 너무 의미를 부여하면 안 된다고 조언했다. "어떤 식으로든 아름다운 것은 그 자체로 아름답고 그 자체로 완성형이며 칭찬을 제 일부로 받아들이지 않는다. 칭찬으로 이미 벌어진 일이 더 나빠지거나 좋아지지는 않는다."[7]

《명상록》
제11권 14절

"사람들은 대개 아첨하면서도 상대를 경멸하고, 허리를 굽히면서도 상대가 자신보다 못하다고 생각한다."

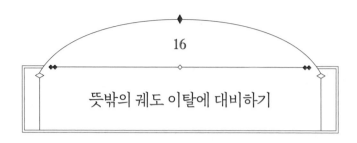

16

뜻밖의 궤도 이탈에 대비하기

온라인으로 전환하여 진행하는 회의가 점점 많아지면서 누구나 한 번은 IT 기술과 관련된 문제로 어려움을 겪게 되었다. 온라인 회의 참석자들은 대체로 음 소거 상태로 있지만 간혹 누군가가 실수로 음 소거를 해제해, 주방 찬장 문을 열어두면 어떡하냐고 화내는 목소리가 고스란히 노출되기도 한다. 그러면 다른 참석자들은 기대에 부풀어 눈앞에서 펼쳐지는 드라마가 점점 고조될지, 아니면 가여운 영혼이 자기 실수를 금세 깨닫게 될지 지켜보며 기다리게 된다. 대개는 회의 진행자가 끼어들어 상황이 종료된다. "리지, 음 소거가 해제되었어요….”

리지는 즉시 음 소거 모드를 켰지만 회의 참석자 모두가 리지가 열린 주방 찬장에 예민하다는 것을 알게 되었고 혹시라도 주방에서 같이 일하게 되면 리지 주위에서는 조심하자고 다짐했다.

온라인 화상 회의에서 발표할 때, 특히 화면 공유는 쉽지 않은 작업일 수 있다. 화면을 띄우는 데 시간이 너무 오래 걸려서 회의 참석자들이 일제히 고개를 저으며 "화면이 안 보이는데요"라고 말할 때는 더욱 힘들어진다.

잠시 후 화면 공유에 성공하자마자 상사가 보낸, 구매팀 론다를 비난하는 내용이 포함된 이메일 일부가 화면에 반짝거렸다. 론다가 말할 때면 침을 뱉다시피 해서 못 견디게 짜증 난다는 내용이 담겨 있었다. 이제 회의 참석자들은 이 드라마 같은 상황이 어떻게 흘러갈지 궁금해하고 있었다.

나는 분위기를 바꾸기 위해 음 소거를 해제하고 평판 리스크가 발생하면 얼마나 문제가 복잡해지는지 태연하게 설명하기 시작했다. 다만 실수로 두 번 로그인하는 바람에 목소리가 메아리처럼 울려 퍼져, 다른 사람들에게는 "리스크, 리스크"라는 말만 들렸다. 결국 이번에도 회의 진행자가 끼어들어 "오프라인에서 이야기합시다"라고 요청했다. 웬일인지 '재논의'라는 어려운 말은 쓰지 않았다. 바로 그때, 내가 알겠다고 답하자 진행자는 말을 이었다. "재논의를 위해 회의 참석자들에게 핵심 사항을 전달해 주겠어요?"

그때 내가 말하고 싶은 핵심은 '재논의쟁이'와 영원히 얽히지 말자는 것이었다.

스토아 철학이 전하는 말

스토아 철학자들은 '프라에메디타티오 말로룸praemeditatio malorum'으로 알려진 기법을 연마했다. 이는 예상치 못하게 안 좋은 사건이 발생했을 때 놀라지 않도록 최악의 상황을 미리 생각해 본다는 뜻이다. 마르쿠스 아우렐리우스가 삶에서 어려운 난관에 봉착했을 때 감정과 반응을 다스리기 위해 동원한 심리 전략 중 하나기도 하다.

에픽테토스는 '통제의 이분법dichotomy of control'으로 자신의 계획을 방해하는 장애물을 헤쳐나갔다. "삶에서 중요한 과제는 내가 통제할 수 없는 외부 상황이 무엇인지, 또 내가 실제로 통제할 수 있는 문제가 무엇인지 스스로 식별하는

일하는 사람을 위한 철학

것이다. 그렇다면 선과 악은 어디에서 찾아야 할까? 통제할 수 없는 외부가 아니라 내 안에서, 스스로 내린 선택에서 찾아야 한다."[8]

에픽테토스는 사실 우리 인간이 통제할 수 있는 것은 거의 없다고 말했다. 우리는 자신에게 일어나는 일뿐만 아니라 주변 사람들이 하는 말이나 행동도 잘 통제하지 못하며 병에 걸리기 쉬운 몸도 통제할 수 없다. 우리가 온전히 통제할 수 있는 것이라고는 사고방식, 그리고 사물과 사람과 사건에 대한 판단밖에 없다.

또 의지만큼은 스스로 통제할 수 있다. 따라서 어떤 일이 벌어졌을 때 그에 어떻게 대응할지는 자신이 결정할 수 있다. 스토아 철학에서는 자신이 처한 상황에 주인의식을 갖고 대응해야 한다고 말한다.

물론 우리의 통제 범위를 벗어나는 상황이 벌어질 때는 이런 대응이 쉽지 않을 수도 있다. IT 기술 때문에 문제가 발생했을 때, 스토아식 접근법을 취해 통제할 수 없는 문제는 무시해 털어내도록 하자. IT 기술에 크게 의존하지 않는다면 모든 일이 순조롭게 돌아가는 기묘한 상황이 벌어져, 놀라면서도 흐뭇한 기분을 느낄 수 있을 테지만 이제는 쉽지 않은 일이다.

《명상록》
제4권 3절

"생각이 내면의 온전한 평온함을 보장한다면, 그리고 이 평온함 덕분에 마음이 질서정연해진다면 그 마음은 세상의 군중과 소음에서 벗어나 가장 자유로울 수 있는 곳이다."

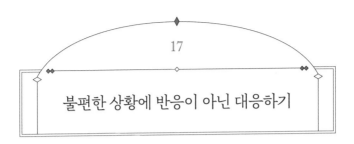

17

불편한 상황에 반응이 아닌 대응하기

업무 캘린더를 보니 온라인 화상 회의가 여섯 건이나 잡혀 있었다. 첫 번째로 예정된 것은 '위기 관리 및 감사' 회의였고 그다음으로 열 명이 모이는 '업무 절차와 기회' 회의가 있었다. 그리고 이어서는 또 열 명의 인원이 모여 '고객 시스템 개편'을 회의할 예정이었다. 그런데 갑자기 마케팅팀 피오나가 회의와 회의 사이에 또 다른 회의를 끼워 넣었다. 회의 제목은 '애니가 일을 더 잘할 수 있는 방안'이었다.

의미 없는 이야기, 말도 안 되는 헛소리를 들으며 여덟 시간 동안 앉아 있으면 심장병, 제2형 당뇨병, 비만, 정신 이상이 생길 수도 있다. 덤벨을 들어 올리거나 다운 독 자세를 취하는 것 말고 회의로 생겨난 건강의 위기와 지루함과 불만을 극복할 좋은 방법이 없을까? 단, 너무 파격적인 아이디어는 자제해 주기 바란다. 온라인 회의를 위해 켜두었던 모니터 카메라를 끄지 않았을 수도 있으니 말이다.

2021년, 온라인 국무회의가 진행되는 동안 사무실에서 옷을 갈아입다가 알몸을 드러낸 캐나다 하원 의원이 이걸 진작 깨달아야 했는데. 내가 알기로 이런 비슷한 일을 겪은 사람은 더 있었다. 코로나19 팬데믹 때문에 재계에서 어쩔 수 없이 진행한 온라인 회의가 얼마나 많았던가. 당황스러운 순간을 피하려면 회의 중에 옷을 갈아입지 않으면 그만이다. 아니, 회의에 적절한 옷을 입고 있도록 미리 계획하는 게 더 좋겠다. 카메라가 켜져 있지는 않은지 먼저 확인하는 방법도 있다. 옷을 꼭 갈아입어야 한다면 카메라 렌즈에 스티커를 붙여 가릴 수도 있다.

안타깝게도 전 직원과 고객을 상대로 온라인 자유 토론을 진행하던 어느 소프트웨어 회사의 상무이사는 앞서 말한 방법을 하나도 실행하지 않았다. 그는 회의가 시작되고 나서야 정장으로 갈아입고 넥타이를 매는 게 좋겠다고 생각했다. 그리고 조직의 방향성에 대한 자신의 생각뿐만 아니라 더한 것을 노출했고, 상무이사의 영상은 빠르게 퍼져나갔다.

이와 비슷한 사례로 음 소거를 하지 않아서 낮 12시 회의 중에 룸메이트에게 "이 멍청이들에게 얼굴만 보여주고 같이 서핑하러 가자"라고 말한 것을 들켜 회사 생활에 걸림돌이 된 경우가 있다. 그 반대도 가능하다. 음 소거 상태인 줄 모르고 프로젝트에 관한 생각을 길게 늘어놓았는데 아무도 듣지 못하는 경우 말이다.

스토아 철학이 전하는 말

사무실에서 주고받는 어색한 농담, 불만에 찬 고객, 온라인 회의에서 실수로 드러낸 표정…. 일은 여러 불편한 상황을 만들어 전방위적으로 우리를 공격한다. 마르쿠스 아우렐리우스가 화상 회의 시대에 살았다면 카메라가 켜진 줄 모르고 행동했더라도 굴욕감에 무릎 꿇지 않았을 것이다. 대신 그 순간에서 한발 물러나 당혹감을 조금이라도 줄여보려고 했을 것이다. 그는 '이 사고 때문에 내가 얼마나 불행해졌는가?'를 따지지 말고 '이런 사고에 개의치 않는 나는 얼마나 행복한 사람인가!' 생각해야 한다고 했다.[9]

또 그는 "여기에서 반드시 기억해야 할 점은 행위의 무게 감과 중요성을 균형 있게 고려해야 한다는 것이다. 그리하 면 하찮은 것들을 낙심하는 일이 없게 될 것이다"[10]라고도 했다. 하찮은 정신적 충동(이 경우에는 수치심을 느껴야 한다 는 충동을 말한다)에 스스로 동의하지 않으면 그 충동에 따 라 행동할 필요도 없다는 의미다.

그가 남긴 말은 모든 일은 생각하기 나름이라는 진리를 다시금 깨닫게 한다. "태도는 자주 하는 생각의 품질에 크게 영향을 받는다. 영혼은 생각의 색과 양상으로 물들기 때문 이다."[11]

충동을 쫓아 당황스럽고 힘든 상황에 즉각적으로 반응 하기 전에 잠시 시간을 갖고 어떻게 대응할지 생각해 보자. "모든 것은 자신의 의견일 뿐이고 (…) 어떤 식으로 생각할 지 결정하는 것은 자신의 권한이다."[12]

마르쿠스 아우렐리우스는 그런 고통스러운 상황을 좋지 않은 결론으로 바꾸지 않을 선택권은 자신에게 있다고 여 겼다. 살면서 더 나은 사람이 되는 것이 잠깐 바보 취급을 당하는 것보다 중요하다. 벌거벗은 바보 취급이라고 해도 말이다. 아무리 애써도 나를 바보 취급하는 사람은 언제든 존재할 수 있다. 그렇다면 그런 생각을 할 수도 있다고 존중

일하는 사람을 위한 철학

은 하되 그 생각 자체는 무시하고 오로지 진실된 것을 추구하는 게 이롭다. 게다가 생은 유한하므로 실수로 동료에게 들켜서는 안 되는 행동을 보여준 일을 걱정하느라 시간을 낭비하지 않는 것이 최선이다.

《명상록》
제5권 35절

"이 사고가 내 잘못도 아니고 내 잘못의 결과도 아니라면, 게다가 공동체에 아무런 해도 끼치지 않았다면 왜 걱정해야 하는가?"

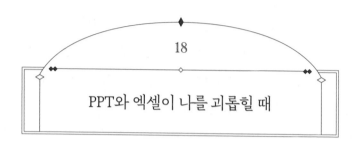

18

PPT와 엑셀이 나를 괴롭힐 때

1987년 4월 20일, 회의나 콘퍼런스에서 시간이 느리게 간다고 느끼게 만들거나 엄청난 지루함을 유발하는, 또는 이 두 가지 일을 동시에 해내는 소프트웨어가 탄생했다. 그 정체는 바로 PPT(파워포인트 프레젠테이션)다.

발표할 때 잘 활용하면 청중에게 영감과 활력을 불어넣고 심지어 그들의 생각을 바꿀 수도 있으며 투자자의 마음을 사로잡을 수도 있지만 단어, 이미지, 글머리 기호, 도표, 인포그래픽을 너무 많이 넣으면 청중을 지루함의 소용돌이에 빠뜨리기 쉽다. 이렇게 지루함에 빠진 청중은 제아무리

일하는 사람을 위한 철학

화려한 슬라이드 쇼가 펼쳐져도 관심 가지지 않는다. 글머리 기호가 잇따라 등장하다가 스마트아트SmartArt가 날아들며 재미를 의도한 그래픽이 눈앞에서 통통 튀어 다니기 시작하면 청중에게 조금 남아 있던 들을 의지마저 사라지고 만다.

마틴 루터 킹이 '나에게는 꿈이 있습니다I have a dream' 연설을 하며 나란히 정렬된 글머리 기호를 함께 보여주었다면 연설의 영향력이 얼마나 미미했을지 상상해 보자. 아니면 윈스턴 처칠이 인포그래픽 지도 앞에 서서 침략자들과 싸울 위치를 표시했다면 어땠을까?

PPT 자료로 하는 발표는 공원 산책하듯 슬렁슬렁해서 될 일이 아니다. 슬라이드를 보여주려 했으나 빈 화면만 떠서 허둥지둥하는 상황은 꽤 자주 발생한다. 사과하고 아무 버튼이나 미친 듯이 누르다가 청중 가운데 IT 도우미가 되어줄 사람을 찾아보지만 다들 불편한 침묵 속에 앉아 있기만 할 뿐이다. 아니면 알림 끄는 것을 잊어버려서 '너희 사장은 아직도 재수 없고?'라는 친구의 메시지가 화면에 뜰 수도 있다.

엑셀 스프레드시트는 이보다 더하다. 엑셀은 정말 좋아하거나 극도로 혐오하는 사람이 있는 고수coriander와 비슷하다. 능숙하게 업무에 이용하는 사람도 있지만 쩔쩔매는 사람도 있어서 그렇다. 숫자에 익숙하지 않다면 피벗 테이블, 매크로, 숫자를 입력하니 뜨는 에러 메시지와 씨름하다가 예산 마감 직전인 금요일 오후에 IT팀 게리에게 긴급히 전화하게 될 것이다. 스프레드시트는 '#########'와 '#VALUE!'라는 오류 메시지로 가득한 상태다. 그게 뭘 뜻하는지는 모르겠지만 대체로 오류는 말도 안 되는 숫자와 함께 나타난다. 이를테면 어쩌다가 내년 문구류 구입 예산으로 1,023,543달러가 필요하게 되었느냐고 묻는 것이다.

1970년대에는 엔지니어링팀과 재무팀에서만 엑셀 스프레드시트를 사용했다. 그러나 오늘날에는 누구나 엑셀을 사용하게 되면서 엑셀에 목매는 이상한 사람들을 제외한 모든 사람에게 고통을 주고 있다. 나는 면접에서 '당신의 단점은 무엇입니까?'라는 질문을 받을 때마다 PPT와 엑셀이라고 솔직하게 말한다. 어쩌면 그래서 취업에 몇 번 실패했는지도 모르겠다. PPT와 엑셀이 직장 생활을 즐겁게 해주지는 못하며 이 둘을 지나치게 좋아하는 사람들에게는 반드시 문제가 있다는 사실을 기억해 두면 유용하다(그들에게 악감정은 없다).

일하는 사람을 위한 철학

스토아 철학이 전하는 말

PPT가 먹통이 되어 허둥지둥하거나 실수로 엑셀 스프레
드시트 수식을 지워 예산에서 큰돈을 잃었다고 상상해 보
자. 이 상황에서 마르쿠스 아우렐리우스는 어떻게 했을까?
그는 스토아 철학의 가르침에 따라 훈련한 대로 이러한 난
관을 발전의 기회로 받아들였을 것이다.

마르쿠스 아우렐리우스는 힘든 상황에서 자신의 인식을
관리하는 연습을 했다. 그랬기에 IT 기술에 서툴러서 생기
는 두려움에 휩싸이기보다 자신이 통제할 수 있는 것에 집
중할 수 있었을 것이다. 그런 상황에서 어떤 대응을 하는 게
맞을지 깊이 생각했을 것이고 당황해서 키보드를 내리치는
행동은 하지 않았을 것이다.

마르쿠스 아우렐리우스는 한 일을 책임졌고 자신이 통제
할 수 없는 상황에서도 자신의 반응을 선택할 힘까지 포기
하지는 않았다. 그러면서 그는 이렇게 조언했다. "사고가 발
생할 때마다 똑같은 상황을 먼저 겪은 사람들을, 그들이 그
문제로 얼마나 놀라고 불평하고 괴로워했는지를 떠올려 보
라. 지금 그들은 어디에 있는가? 어디에도 없다. 그렇게 웅
얼거린다고 해서 불멸의 존재가 되지는 않는다."[13]

《명상록》
제8권 56절

"신은 다른 사람이 내 운명을 좌우하지 않게 해주었다."

　　　　　　　　　　　　　　일하는 사람을 위한 철학

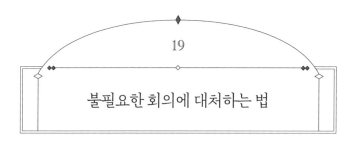

19

불필요한 회의에 대처하는 법

　얼굴을 맞대고 하는 회의는 두 가지로 나뉜다. 하나는 생산적이고 효율적으로 진행되어 의사결정과 실행으로 이어지는 성공적인 회의고 다른 하나는 회의 참여자의 영혼 일부를 갉아먹는 실패한 회의다.

　심리상담사로 일하는 친구 세라는 후자를 경험했다. 세라는 슈퍼바이저 어맨다와의 회의에 불려 가서 50분 동안 또 다른 회의가 필요한지를 논의했다. 그날 세라는 연이은 상담으로 바쁜 하루를 보내고 있었기에 그렇지 않아도 빠듯한 일정에 어맨다가 의미 없는 회의를 추가하자 분노하고 말았다. "결론이 없어!" 우리가 잘 알다시피 회의를 위한 회의는 좋게 끝나는 경우가 거의 없다.

전 직장 동료 배리의 상황은 더 안 좋았다. 사이클 용품 유통 사업을 논의하는 팀 회의에 앞서, 팀원들은 모두 회의에서 할 말을 미리 스프레드시트에 작성해 공유했다. 그리고 실제 회의에 참석해서는 다들 추가 설명 없이 작성한 내용을 그대로 읽기만 했다. '대체 왜 이런 시간 낭비를 하는 거냐고!' 이 회의를 하기 전에 그녀는 '재정 활성화 혁신 방안 논의'라는, 제목만 거창하고 내용은 없는 긴 회의에 다녀온 터라 화가 나지 않을 수 없었다.

나는 '안전한 직장 생활을 위한 팁 공유' 회의에 참석한 적이 있다. 각자 개인적인 경험을 통해 알게 된 내용을 공유해 다른 사람들이 안전을 위협받는 실수를 저지르지 않게 하자는 취지의 회의였다. 누군가의 목숨을 구하는 일을 하는 경우라면 모르겠지만 사무실에서 일하는 우리 같은 사람들이 대비해야 하는 큰 위험이라고는 안전한 직장 생활 팁 공유 시간에 할 말이 없는 상황 정도밖에 없었다. 이 회의에서 사람들은 종이에 손을 베었다거나 엘리베이터에 잠깐 갇힌 적이 있다는 식의 이야기를 나누었다.

물론 회의도 잘 진행되기만 하면 의미 있는 일이 된다. 그

　　　　　　　　일하는 사람을 위한 철학

러나 회의가 너무 많으면 생산성이 떨어지기 쉬운 것이 사실이다. 참석자가 아주 많은 회의에서는 존재를 감추는 일도 쉽게 할 수 있기 때문이다. 중요한 사람이 말할 때 이따금 고개를 끄덕이거나 누군가가 질문할 때 '재논의하겠다'고 약속하기만 하는 일도 가능하다.

경제학자이자 사회 풍자가기도 한 노스코트 파킨슨 Northcote Parkinson은 "회의 참석자가 다섯 명일 때 회의 안건을 유능하고 빠르게 실행할 확률이 가장 높다"라고 추정했다. 그는 "회의 참석자가 아홉 명이 되면 그중 둘은 장식에 불과하고, 스물한 명이 되면 조직 전체가 멸망하기 시작한다"[14]라고 말했다. 장식 노릇을 하고 싶지 않다면 회의 규모를 줄여 논의에 집중하는 것이 최선이다. 그러면 보람과 기쁨을 느끼며 구체적인 실행 계획과 함께 회의실을 나갈 수 있을 것이다.

스토아 철학이 전하는 말

스토아 철학자라면 회의에서 동료를 저격하는 행동은 자연을 따르는 일이 아니라고 말할 것이다. 회의에서 우리가 할 수 있는 가장 큰 기여는 협력이다. 스토아 철학은 언제 어디서나 이성과 논리로 대처하기를 강조했다.

마르쿠스 아우렐리우스는 감정의 폭발, 평정심을 잃은 상태를 용납하지 않았으므로 회의를 위한 회의를 잡은 어맨다에게 헛짓거리 집어치우라고 욕하지도 않았을 것이다. 우리도 누군가를 비난하는 행위, 가식적인 행동, 옹졸한 행동이 회의를 방해하지 않도록 스스로 단련해야 한다.

마르쿠스 아우렐리우스는 황제로 일할 때 언제나 원로원 회의에 참석했고 그 회의는 밤늦게까지 이어지기 일쑤였다. 그는 회의에서 골치 아픈 사람들을 만나리라고 예상하며 하루를 시작했다. 그랬기에 사람들이 그의 결정에 이의를 제기하거나 시간을 낭비하게 만들거나 선의를 오해하더라도 실망하지 않았고 그런 일이 있을수록 그를 시험하는 일들에 지혜롭게 대처하기 위해 더욱 정신을 무장했다. 그리고 이런 일들이 하나도 일어나지 않을 때 찾아오는 뜻밖의 기쁨을 힘껏 느끼고 누렸다.

그는 일과 삶 자체가 전쟁이라고 인정했다. 인간은 능히 끔찍한 짓을 할 수 있는 존재다. 안 그래도 바쁜 일정에 의미 없는 회의를 끼워 넣는 일, 회의에서 미리 작성해 둔 내용을 읽기만 하는 일처럼 말이다. 동시에 그는 우리가 대의를 위해 협력해 일하고 남을 도울 때 최고의 모습이 드러난다고도 말했다. 또 평정심을 유지하고 실제로 중요한 일을 할 수 있도록 정신 공간을 말끔하게 유지하려면 너그러운 관점을 가져야 한다고 조언했다.

회의를 생산적인 활동으로 만들기 위해서는 협동적 태도로 창의적인 문제 해결 방법에 집중하고 장애물이 나타났을 때는 경로를 바꿔보면 된다. 반대 의견도 내도록 권장해 생각을 예리하게 다듬고 더 나은 결과를 도출해 보는 것이다.

《명상록》
제2권 1절

"우리는 손과 발, 눈꺼풀, 나란히 난 윗니와 아랫니처럼 협력하도록 만들어졌다. 그러므로 서로 맞서는 행동은 순리에 어긋난다. 서로 맞서는 행동이란 화내고 외면하는 것을 말한다."

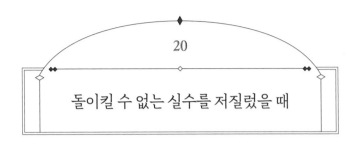

20

돌이킬 수 없는 실수를 저질렀을 때

메시지를 잘못 전송하는 것만큼 당황스러운 일도 없다. 올바른 수신자에게 제대로 보낸 메시지는 기억에 남는 법이 없다. 하지만 실수로 다른 사람에게 보낸 메시지는 영원히 뇌리에 박힌다.

이전 직장에서 일이 싫증 난다고 느끼던 때가 있었다. (당시 내가 하던 일 중에는 아주 좋았던 것도, 그럭저럭 괜찮았던 것도, 형편없이 끔찍한 것도 있었다.) 당시 사장이 전 직원에게 전월 실적에 관한 이메일을 보내 경영진이 일을 정말 잘했다고 칭찬한 일이 있었다. 당연히 메일에는 성공의 토대가

된 우리 직원들이 없었다면 불가능한 일이었다고 칭찬하는 내용도 있었다.

무슨 의무감이 들어서 그랬는지 모르겠지만 나는 동료에게 이 메일을 전달하면서 평소처럼 짤막한 말을 덧붙였다. "이 회사가 얼마나 지루한지는 쏙 빼놓았네. 빨리 나가고 싶다." 그런데 '보내기' 버튼을 누르기가 무섭게 답장이 쏟아졌다. 알고 보니 '전체 답장'을 클릭하는 바람에 내가 덧붙인 말이 전 직원에게 전달된 것이었다. 나는 그날 하루 종일 '이대로 직장 생활이 끝나버리는 걸까…' 생각하며 새빨개진 얼굴로 얼어붙어 있었다.

자신의 실수를 깨닫는 순간, 머릿속으로 했던 일을 되짚어 보며 그 일이 실제로 일어나지 않았을지도 모른다고 생각하고 싶어진다. 하지만 현실을 깨닫고 나면 피해 수습 모드에 돌입해 허둥지둥하며 보낸 메일함을 열게 된다.

이메일을 실수로 잘못 보냈다면 '메시지 회수 알림'을 보낼 수도 있지만 이 방법은 잘못 전송된 메시지에 더 많은 사람이 관심 가지게 할 뿐이다. 추가로 메시지를 보낼 수도 있지만 뭐라고 쓴단 말인가? '지루하다고 말해서 죄송합니다… 실은 지루하지 않아요'라고 쓰는 게 도움이 될까? 아니면 상사에게 사과하면서 그날따라 힘들어서 그랬다고 인정하고 넘어가야 할까? 무슨 짓을 해도 이미 벌어진 일을 없었던 일로 만들 수는 없으니 상황이 지나가기를 기다리는 수밖에 없다.

그러다가 새벽 4시에 잠에서 깨서 이 끔찍한 실수가 생생하게 떠오른다면? 문제를 해결하기 위해 누군가에게 전화하거나 이메일을 보내거나 회의를 잡을 수 있는 것도 아니니 이제는 지금 당장 상황을 바꿀 방법이 없다는 사실을 인정해야만 한다. 아침이 되면 상황을 관리할 시간이 주어질 테고, 차갑고 적나라한 형광등 불빛이 비치는 사무실에 출근해 보면 어제보다는 상황이 훨씬 덜 끔찍해 보일 수도 있다.

또 한 가지 기억해야 할 점은 더 나쁜 상황에 처한 사람들도 당황하지 않으려 애썼다는 사실이다. 베트남에서 발생해 30명이 사망한 비행기 추락 사고의 유일한 생존자였던 한 여성은 옆자리 승객의 눈에서 벌레가 기어 나온다는 사실에 당황하는 대신 하늘을 올려다보며 빛나는 태양에 집중했다. 그러다가 며칠 후 물을 발견했을 때는 기뻐하며 스스로 기운을 북돋웠다. 그리고 난 6일 뒤, 죽음이 가까워지고 있음을 받아들이고 있던 바로 그때 구조되었다. 그녀는 그제야 비로소 당황할 수 있었다.

　　　　　　　　　　　일하는 사람을 위한 철학

스토아 철학이 전하는 말

마르쿠스 아우렐리우스는 삶이 주는 어려움을 잘 알고 있던 에픽테토스의 가르침에 영향을 받았다. 여러 기록에 따르면 에픽테토스는 어린 시절에 그를 노예 삼은 주인이 고의로 다리를 부러뜨려 장애를 얻었다. 일찍이 철학에 몰입한 그는 가이우스 무소니우스 루퍼스 밑에서 공부하며 스토아 철학을 삶의 방식으로 삼은 덕분에 외부에서 벌어지는 모든 사건이 자신의 통제 밖에 있음을 이해하는 것이 행복과 자유에 이르는 길임을 알았다.

수차례 강조했듯이 우리가 통제할 수 있는 것은 자기의 생각과 외부 사건에 대한 반응뿐이며 우리를 괴롭힐 수 있는 것도 이것뿐이다. 마르쿠스 아우렐리우스는 이런 생각을 통해 얻는 평정심을 지니고 있었고, 그가 전쟁과 질병, 배신, 심지어 자녀의 죽음에 맞닥뜨렸을 때 평정심이 도움을 주었다. 어떤 일이 벌어지든 간에 언제나 마음을 다스릴 수 있었기 때문이다.

실수를 저질렀을 때, 자책하기 전에 이렇게 질문하면서 마음의 평정을 되찾아 보자.

- 당황하고 속상해하면 선택의 폭이 넓어지는가?

- 이 일을 엄청난 불행이 아니라 성장의 기회로 보면 어떨까?

- 이 일이 용기, 절제, 정의, 지혜를 바탕으로 행동하는 데 방해가 되는가?

에픽테토스는 "행복에 이르는 유일한 길은 자신의 의지를 벗어난 일을 걱정하지 않는 것이다"라고 말했다. 엄청난 실수를 저질렀을 때 자신을 통제할 수 있다면 그보다 사소한 일이 벌어졌을 때도 통제력을 발휘할 수 있다. 멀리서, 또 큰 틀에서 보면 그런 작은 일은 중요하지 않을 수 있다. 언제나 중요한 것은 머리를 차갑게 함으로써 마음이 무너지지 않도록 하는 것이다.

《명상록》
제4권 3절

"다음 두 가지 격언을 늘 마음에 새겨라. 첫째, 외부에 있는 사물들은 너의 영혼을 방해할 수 없다. 소란과 불안은 내면에 있는 생각과 판단에서 비롯된다. 둘째, 눈에 보이는 모든 것들은 변화하여 결국 존재하지 않게 된다는 것을, 너는 이미 수많은 변화를 직접 보았다는 것을 명심해야 한다. 세상은 변화고 삶은 의견이다."

일하는 사람을 위한 철학

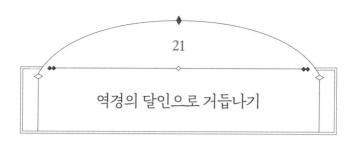

21

역경의 달인으로 거듭나기

일한다는 것은 역경에 맞서는 것이다. 모닝 커피가 필요한 날 5달러가 넘는 돈을 내고도 그저 커피의 탈을 쓴 아무런 풍미가 없는 액체를 마시게 되는 일, 5분 뒤에 제출해야 하는 보고서를 출력하려고 하니 카트리지를 교체하라는 메시지가 뜨는 일 등 현대인의 삶에는 어디든 역경이 존재한다.

일터에서 마주하게 되는 역경 중에서 가장 큰 고비는 결재받는 일이라고 할 수 있다. 제논이 스토아학파를 창시할 무렵 로마 해군이 창설되었고 이들은 기원전 260년, 카르

타고 해군에 대항하기 위해 동원되어 훈련받았다. 동원되기까지는 60일이 걸렸는데, 이는 현대 일터에서 한쪽 분량의 짧은 보고서를 결재받는 데 걸리는 시간에 비하면 얼마 안 되는 기간이다. 결재받는 과정은 이사와 비슷하다. 처음에는 '얼마나 힘들까?' 궁금해하다가 마지막에는 진이 빠지고 의욕이 꺾인다.

결재 과정은 이렇게 진행된다. 먼저 간결하고 유용한 정보에다가 창의력까지 약간 가미된 멋진 보고서를 작성한다. 이 시점에 IT 전문가 게리에게 보고서를 보내자 그가 IT 기술과 관련된 장황한 내용을 50줄이나 추가한다. 그래서 나는 "이렇게 하면 곤란해요"라고 말한다. 하지만 게리가 화를 내는 바람에 타협하여 추가된 문장의 절반만 잘라내기로 한다.

그다음으로 법무팀 네이선에게 보고서를 보낸다. 그러자 그가 모든 문장의 끝을 '~을 하고자 한다'나 '~을 지향한다'로 바꾼다. 그다음으로는 중역실의 밥이 보고서를 검토한다. 그는 '자사의 내년 사업 전망은 밝다'라는 문장에 꽂혀서는 이런 지적 사항을 적는다. '사업에 눈이라도 달려 있습니까? 밝은지 아닌지 어떻게 알아요?'

이번에는 누군가가 빈 의자가 놓인 강당 이미지를 보고

일하는 사람을 위한 철학

서에 넣자고 제안하고 나는 이에 반발한다. 또 다른 누군가가 회사company, 사람people, 인력workforce, 운영operation처럼 첫 글자를 대문자로 쓸 필요 없는 단어들의 첫 글자를 모두 대문자로 바꾸고 나는 그걸 전부 다시 소문자로 바꾼다.

이번에는 구매팀 론다가 보고서에 손을 댄다. 그녀는 '문제 분석', '높은 수준의 검토', '고객 인터페이스의 중대 변화 모색' 같은 어려운 말로 이루어진 문구를 추가한다. 그러자 이제 다시 밥이 나서서 의미 없는 구절을 두 개 추가하더니, 회사의 사명인 '미래로 다가가는 사업을 통해 더 나은 내일을 만든다'도 넣자고 제안한다. 미래로 다가가는 사업이라니, 나는 그런 사업은 없다고 생각만 한다.

게리는 이제 보고서에 기술적인 세련미가 사라졌다고 걱정하며 마지막으로 남아 있던 쉽게 이해할 수 있는 내용마저 잘라내더니 그 자리에 어려운 기업 용어를 넣었다. 두 달 넘게 '발전'을 거친 보고서는 이해할 수 없는 정보가 어지럽게 뒤엉켜 엉망진창이 되었다.

운동선수들은 엄청난 압박감을 느끼기 전에 스트레스에 저항할 수 있도록 정신적 에너지를 아껴두는데, 미로 같은 결재 라인에 서류를 통과시켜야 하는 우리도 그렇게 해야 마땅한 듯하다.

스토아 철학이 전하는 말

스토아 철학자들은 좌절을 관리하는 데 달인이었다. 로마 제국 중기의 상황은 잔혹했으나 그들은 어려움에 부딪혔을 때 자기 연민에 빠지지 않았다. 실제로 역경을 통해 더 강해진다고 믿으며 오히려 역경을 즐겼다.

마르쿠스 아우렐리우스도 직장에서 결재받는 일이 접착제로 채워진 수영장에서 헤엄치는 것과 같이 어렵다는 점은 인정할 것이다. 그러나 이번에도 역시 우리가 어떻게 대응하느냐가 가장 중요하다고 말할 것이다. 왜 게리가 괜찮았던 보고서를 형편없이 바꾸려고 했는지 그 이유는 중요하지 않다.

여느 스토아 철학자들과 마찬가지로 세네카도 사는 동안 여러 심각한 고난을 겪었다. 그는 칼리굴라 황제로부터 자살하라는 명령을 받았으나 죽음이 예견된 심각한 질병을 앓고 있다는 사실이 밝혀져 목숨을 건지기도 했다. 그렇게 살아남았으나 훗날 원로원에서 사형을 선고받았고, 다시 클라우디우스 황제에게 감형받아 유배지로 추방되었다. 이후 네로 황제의 암살 계획에 연루된 세네카는 결국 다시 자살형을 선고받아 스스로 목숨을 끊어야 했다. 그는 죽음은

일하는 사람을 위한 철학

자연이 정한 것이고 꼭 다가올 미래이기 때문에 죽음이라는 문제에서 자유를 얻고 의지를 발휘하는 삶을 살아가기를 조언했다.

그는 역경 속에서 인내할수록 인간은 더 강해진다고 말했고 역경을 철학적으로 통찰해서 보석 같은 말을 남기기도 했다. "끊임없는 불행으로 오히려 축복을 얻을 수 있다. 불행에 괴롭힘당하는 사람은 결국 강해진다." 이뿐 아니라 그는 "평화를 주는 영원한 기쁨은 오직 덕德뿐이다. 어려운 일이 생기더라도 그것은 결코 태양을 이길 수 없는, 하늘에 뜬 구름과 같다"[15]라고 이야기하면서 역경에 굴하지 말고 '개인적으로나 공적으로나 큰 불행을 초래할 수 있는 미성숙한 야망'을 경계하라고 조언했다.

또 세네카는 도전을 피하지 말고 정면으로 맞서라고, 좌절이 발전을 방해하면 안 된다고 강조했다. 역경은 결과를 개선하고 회복력을 키운다. 그리하여 우리가 성장하며 마주하는 문제에 대처할 방법을 모색하도록 한다. 일하다가 장애물에 부딪히면 스트레스에 강해지므로 오히려 일이 더 잘된다. 세네카는 이렇게 말하기도 했다. "내가 그대를 불행하다고 판단하는 까닭은 그대가 불행을 감내하며 살아본 적이 없기 때문이다."[16]

세네카는 죽는 날까지 자주 역경에 처했지만 그 역경에 단 한 번도 굴복하지 않았다. "나무는 바람을 많이 맞지 않으면 뿌리내리지 못하고 튼튼하게 자라지 못한다. 노동으로 육체가 단련되듯이 고난으로 정신이 단련된다."[17]

《명상록》
제2권 16절

"일어나는 일에 반발하는 것은 자신을 자연에서 분리하는 행위다. 그 일의 본성이 자연에 포함되기 때문이다."

일하는 사람을 위한 철학

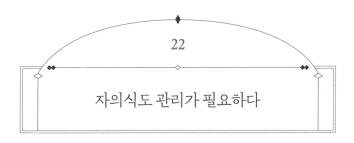

22

자의식도 관리가 필요하다

회사에서 약 1만 단어가 빽빽하게 쓰인 분기별 재무보고서의 요약본을 만들어 더 많은 사람이 보고서를 읽게 하기로 결정했다. 이 프로젝트의 목표는 가뜩이나 시간이 부족한데 글자가 빼곡히 들어찬 글을 읽을 시간은 더 없다고 말하는 이들이 재무보고서를 들여다보게 만드는 것이었다.

분기별 재무보고서는 제라드가 맡아 작성하고 있었다. 그는 자신이 숫자뿐 아니라 단어도 잘 다룬다고 생각했다. 그러나 요약본 여기저기에 '~에 대하여vis-à-vis', '전술한 바와 같이aforementioned', '다채로운multifarious' 같은 단어를 남발

해서 사람들의 반응이 별로 좋지 않았다. 그런데도 그는 이런 멋진 말로 독자를 쫓아버리는 보고서를 계속 작성해야 한다는 믿음에 빠져 있었다.

그의 난해한 산문을 해체해 요약하는 일을 맡은 이들은 자의식이 강한 사람에게 당신의 글은 편집이 필요하다는 사실을 어떻게 하면 사려 깊게 전할 수 있을지 논의했다. 커뮤니케이션 담당자 베로니크가 말문을 열었다. "제가 해결해 볼게요! 우린 어떤 상황에서도 물러나지 않겠다고 말하겠어요. 그 사람이 뭐라고 하든 말이에요."

베로니크는 제라드와 만나서 더 많은 사람이 재무보고서를 읽게 만들기 위해 그가 작성한 보고서의 요약본을 만들겠다는 아이디어를 내놓았다. 그러면서 이렇게 덧붙였다. "그러면 더 많은 사람이 당신의 뛰어난 통찰력을 알아볼 겁니다."

이에 제라드는 근엄하게 고개를 끄덕이더니 뒤로 기대앉아 머리 뒤로 손깍지를 꼈다. 그러고는 입을 열었다. "저는 그 아이디어에 결사반대입니다." 결국 요약본 작성 프로젝트는 무산되었고 제라드의 장황한 보고서는 계속해서 그 누구의 관심도 끌지 못했다.

자의식은 매일 쏟아지는 외부 정보를 생각, 감정, 의견,

이넘, 신념 체계를 이용해 걸러낸다. 그 과정에서 다른 사람을 탓하거나 피드백을 무시하거나 책임을 회피하라고 부추겨 최악의 모습을 끌어내기도 하는데, 그렇게 하는 이유는 실패가 두렵기 때문이다. 그래서 자기중심적인 사람이 아니어도 자의식 때문에 문제가 생길 수 있다.

미국 작가 라이언 홀리데이는 저서 《에고라는 적》에서 자신이 얼마나 대단한 사람인지 스스로 하는 이야기에 현혹되지 말라고 경고했다.[18] 그러면서 자의식을 계속 점검해 줄 친구들을 주위에 두라고 권장했다. 그런 친구들은 우리가 변화를 시도하고 위험을 감수하면서 과거와 미래에 대해 정확히 판단하도록 도와준다.

스토아 철학이 전하는 말

자의식은 자신의 업적에 대한 인정과 보상, 칭찬을 바라기에 노력이 무관심으로 돌아오면 짓밟히고 만다. 자의식이 크면 자신을 세상의 중심에 놓고 자기 중요도를 높이기 때문에 인식이 왜곡되기 쉬우며 자기 능력을 과대평가하므로 진정한 발전에 걸림돌이 될 수 있다.

마케도니아의 알렉산더 대왕은 일광욕을 즐기던 냉소주의 철학자 디오게네스를 만났을 때 그에게 무엇을 도와주면 될지 물었다. 그다지 부유하지 않았던 디오게네스는 그 순간 부를 거머쥐는 데 필요한 무엇이든 요구할 수 있었지만 알렉산더 대왕에게 해를 가리지만 말아 달라고 요청했다. 알렉산더의 자의식에 낫을 들이댄 셈이었다.

과도한 자의식을 해결할 방법은 겸손뿐이다. 겸손하면 다른 사람에게서 받는 인정은 자신이 계획할 수 없다는 사실을 받아들이는 데 도움이 된다. 겸손해져서 결과에 덜 매몰되면 자신이 통제할 수 있는 것, 즉 결과에 상관없이 최선을 다해 일하는 행위 자체에 집중할 수 있다.

마르쿠스 아우렐리우스는 다른 사람이 아닌 자신의 행동에 집중하라고 조언했고 외부 세계의 피상적인 것들로 자기 가치를 판단하지 말라고 경고했다. 이는 칭찬과 인정을 갈구하는 자의식의 강한 욕구에 저항하라는 뜻이다. 그리고 제라드 같은 사람을 무시하라는 뜻이기도 하다. 그는 이런 말로 자신을 일깨웠다. "명예를 사랑하는 사람은 자신에게 좋은 것을 다른 사람의 행동에서 찾고, 쾌락을 사랑하는 사람은 자기 감각에서 찾는다. 하지만 이해심 있는 사람은 자신에게 좋은 것을 자기 행동에서 찾는다."[19]

로마 원로원은 마르쿠스 아우렐리우스가 이끈 군대가 아르메니아와 파르티아를 상대로 승리를 거두자, 그에게 아르메니아쿠스Armeniacus('아르메니아 정복자'를 의미한다 — 옮긴이)와 파르티쿠스Parthicus('파르티아 정복자'를 의미한다 — 옮긴이)라는 군대식 호칭을 부여했다. 두 전쟁 모두 직접 전장에 뛰어들지 않았던 마르쿠스 아우렐리우스는 처음에는 이를 거절했지만 결국에는 받아들였다. 그도 인정받는 것에 전혀 무관심하지는 않았던 것 같다.

《명상록》
제6권 16절

"그렇다면 소중히 여겨야 한다고 생각하는 것은 무엇인가? 박수를 받는 것인가? 그렇지 않다. 그러므로 혀로 치는 박수에 불과한 군중의 과한 칭찬도 귀하게 여기지 말아야 한다. 그렇다면 무엇을 소중히 여겨야 하는가? 우리 자신의 고유한 움직임을 다스리고 자연의 의도에 따라 자기 존재를 활용하는 것이다. 이것은 모든 직업과 기술이 추구해야 할 목표기도 하다."

3부

내 마음 같지 않은
사람들과
잘 지내는 법

Stoic at Work

Stoic
at
Work

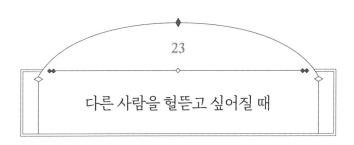

23

다른 사람을 헐뜯고 싶어질 때

어느 금요일 오후, 2시간짜리 워크숍이 예정되어 있었다. 힘든 한 주의 마무리로 위험 성향risk appetite, 위험 통제risk control, 위험 보타이risk bowtie(나비넥타이 모양으로 위험 요인을 시각화하여 분석하는 기법—옮긴이) 같은 것들을 가볍게 논의하는 자리였다. (참고로, 위험 보타이의 보타이는 격식 있는 행사에서 목에 두르는 그 보타이가 아니다.) 워크숍 진행자가 모두가 볼 수 있는 화면에 자신의 노트북 화면을 공유하겠다고 했지만 설정을 만지는 데 서투른 탓에 그가 아닌 관리자의 화면이 뜨고 말았다. 화면에는 사업개발팀 리앤이 관리

자에게 보낸 이메일 내용이 보여지고 있었다. '회계팀 짐의 후임은 언제 채용하실 건가요?'

이 순간까지 짐은 물론이고 모두가 그의 자리에 다른 사람이 온다는 사실을 전혀 몰랐다. 설상가상으로 관리자는 '아직요. 좀 더 있다가요'라고 회신한 상태였다. 짐은 하얗게 질린 얼굴로 바닥만 보고 있었다. 다른 사람들은 불편한 듯 의자에서 몸을 들썩이며 서로 바라보았다. 세상에, 나는 돌이킬 수 없는 일이 벌어졌다고 생각했다. 내가 짐이었다면 워크숍이 끝나자마자 채용 담당자에게 전화했을 테고 짐의 관리자였다면 이 엄청난 사태를 수습하려고 인사팀에 도움을 요청했을 것이다.

결국 누군가가 관리자에게 지금 당신의 화면이 공유되고 있다고, 그래서 회의에 참여하고 있는 모든 이들이 그 이메일을 읽었다고 알렸다. 그러자 관리자는 컴퓨터를 거칠게 닫고 아무 일도 없었던 것처럼 행동했다. 그가 상황을 인식했음을 알려주는 유일한 신호는 벌겋게 달아오른 목뿐이었다. 잠시 후 그는 뭐라고 중얼거리더니 다른 회의실로 가버렸다. 그곳에서 그는 자신의 끔찍한 결례를 리앤에게 설명하고 있었을 것이다.

동료나 관리자 혹은 고객을 헐뜯었는데 당사자가 그걸

일하는 사람을 위한 철학

들었다면 돌이킬 방법은 없다. 고객에게 메시지를 남기고 전화를 끊은 스테파니는 고개를 돌려 동료에게 이렇게 말했다. "이 사람이 남긴 부재 중 메시지를 들어봐야 해. 개성이라고는 찾아볼 수 없는, 전형적인 지루한 목소리야. 분명하루에 한 시간만 제대로 일하는 사람일 거야. 어쩌면 그보다 덜할 수도 있고." 문제는 스테파니가 수화기를 제대로 내려놓지 않아 전화가 끊어지지 않았다는 것이었다.

이메일이나 전화로, 또는 직접 만나서 누군가를 헐뜯고 싶은 충동을 느낄 때 절대 마음 가는 대로 하면 안 된다. 누군가 헐뜯고 나면 그 이야기가 반드시 당사자의 귀에 들어가기 마련이다. 특히 헐뜯으면 안 되는 사람들 목록의 맨 위에는 고위 경영진이 있다. 무슨 일이 있어도 나로 인해 그들과 사이가 틀어지면 안 된다. 이들에게 막강한 권한이 있음은 부정할 수 없는 사실이다. 직장 생활의 성패가 갈리는 사안이니 꼭 기억하자.

스토아 철학이 전하는 말

태초부터 사람들은 나쁜 행동을 해왔다. 마르쿠스 아우

렐리우스는 남을 헐뜯는 사람들을 보며 눈살을 찌푸렸다. 그런데 헐뜯는 대상이 나라면 어떻게 해야 할까? 앞서 살펴보았듯이 마르쿠스 아우렐리우스는 매일 하루를 시작하며 참견하기 좋아하는 사람, 고마워할 줄 모르는 사람, 오만한 사람, 사기꾼, 질투하는 사람, 사회성 떨어지는 사람을 만나게 될 것이라고 생각했다(1부 〈사람은 원래 짜증 난다는 사실 받아들이기〉 참고). 그러면서 이렇게 말해 마음을 다스렸다. "하지만 선의 본성은 아름답고 악의 본성은 추악하다. 악을 저지르는 사람도 나와 본성이 유사하고 같은 피와 종자를 지녔을 뿐만 아니라, 같은 지성을 지니고 있다. 이들 중 그 누구도 나를 추악한 일에 끌어들일 수 없기에 나를 해칠 수 없다."[1]

오스트레일리아 작가이자 철학자 매튜 샤프는 저서《스토아 철학과 괴롭힘 그 너머: 주변 사람들이 이성을 잃고 나를 헐뜯을 때 냉정을 유지하는 법 Stoicism, Bullying, and Beyond: How to Keep Your Head When Others Around You Have Lost Theirs and Blame You》에서 직장 내 괴롭힘이라는 극도로 나쁜 행동을 탐구했다. 그는 가해자가 한 사람이든 패거리든 관계없이 직장 내 괴롭힘에는 일부러 화나게 만들기, 모욕 주기, 따돌리기, 비하하기, 헐뜯기 같은 것들이 포함된다고 보았다. 이런 괴롭

일하는 사람을 위한 철학

힘 상황에서 피해자가 감정적으로 반응하면 가해자는 어떤 반응을 보일까? 가해자는 이 반응을 악용해 피해자가 업무에 부적합하다는 주장을 펼친다.

스토아 철학은 이럴 때 두려움, 분노, 절망을 보여주는 식으로 대응할 필요가 없다고 이야기하며 우리에게 일어나는 일이 아니라 그 일에 우리가 어떻게 대응하느냐가 중요하다고 다시 한번 조언한다. 정당한 비판을 받았다면 이를 통해 배워야 한다. 그러나 그 비판이 다분히 악의적이라면 부당한 비판을 한 사람이 잘못했다는 사실을 알아차리면 된다.

반면 나에 관한 사실이 아닌 거짓을 퍼뜨릴 때는 반드시 바로잡아야 한다. 이런 잘못된 행동에서 손해를 입는 사람은 가해자가 아니라 피해자기 때문이다. 마르쿠스 아우렐리우스도 "우리는 손과 발, 눈꺼풀, 나란히 난 윗니와 아랫니처럼 협력하도록 만들어졌다. 그러니 비이성적 혐오는 자연의 법칙에 어긋나는, 명백한 방해의 한 형태가 아니던가?"[2]라고 말한 바 있다.

부당한 일에 어떻게 대응할지 정하는 결정권은 언제나 자신에게 있다. 내 생각과 감정, 행동을 통제하는 주체는 나 자신이며 우리는 언제든 믿을 수 있는 동료, 친구, 가족과의 긍정적 관계에서 힘을 얻을 수 있음을 잊지 말아야 한다.

《명상록》
제6권 20절

"경기장에서 상대가 손톱으로 내 살점을 찢거나 머리로 들이받아 다치게 되었다고 하자. 그런 경우에 우리는 상대가 반칙했다고 외치거나 상대의 거친 행동에 화내지 않고 그의 행동을 예의주시해서 공격들을 피하려고 할 것이다. 인생을 살아가면서 겪게 되는 모든 상황에서 그렇게 행하라. 우리와 함께 경기를 펼치고 있는 사람들이 행하는 것을 너그럽게 용납하자. 방금 말했듯이 우리는 얼마든지 그들을 의심하거나 미워하지 않고도 그들의 공격을 피하는 것이 가능하기 때문이다."

일하는 사람을 위한 철학

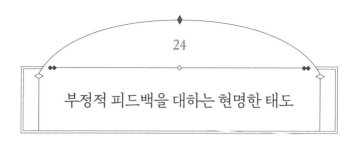

24
부정적 피드백을 대하는 현명한 태도

열다섯 살 때, 역사 선생님은 내가 제출한 과제를 보고 '전반적으로 노력이 엿보임'이라고 평가했다. 그 후 이어진 지적은 그다지 기분 좋지 않았다. '다음부터는 두 세계대전이 의미하는 바를 한 문장에 담으려고 하지 말 것. 이것 때문에 글이 읽기 불편해지고 재미없어짐.' 나는 잔인한 두 번째 평가보다는 모호한 첫 번째 평가가 더 좋았다. 이때 나는 처음으로 별 뜻 없는 상투적인 말도 가치가 있다는 사실을 깨달았다.

상투적인 말은 성과가 저조한 직원에게 업무 평가를 전

달하거나 정말 채용하면 안 될 사람의 평판 조회에 답변할 때도 유용하다. 나는 테리를 채용하려던 곳에 그에 관해 이렇게 설명했다. "단순히 '좋다'라는 표현으로 설명할 수 있는 사람은 아닙니다." 테리는 성격이 좋지 않았고 늘 불만이 많은 기자였는데, 글솜씨가 뛰어나지 않았는데도 자신의 능력을 다른 사람들에게 알리는 것이 의무라고 여기는 듯했다. 그러다가 결국 무능함 때문에 해고되었지만 말이다. 그는 해고되고 나서 내게 전화를 걸어 자신의 평판을 조회하려는 곳의 연락을 받으면 말을 잘 해달라고 부탁했다. 얼마 후 그는 새로 지원한 곳에서 이전에 왜 해고당했는지 다시 한번 확인받게 됐다.

그 후 테리는 다른 업종으로 구직의 범위를 넓혔다. 이번에는 정부 부처의 채용 담당자가 내게 연락해 평판 조회를 이유로 테리가 어떻게 일했는지 설명해 달라고 했다. "지각하지 않았고 결근도 거의 안 했습니다. 주어진 일을 했고 기사를 작성하기는 했어요."

일이 바빠지면 테리가 자주 사라졌다는 말은 하지 않았다. 이 정도의 상투적인 말은 행여 테리가 일을 못해서 다시 해고당하더라도 책임을 피하기에 충분하다고 생각했다. 그의 능력을 과장했다고 채용 담당자가 나를 탓하는 일도 일

일하는 사람을 위한 철학

어나지 않았다.

그러나 의미 없고 상투적인 말이 늘 효과가 있지는 않다. 업무 성과 평가 때 제대로 쓰이지 않기도 하기 때문이다. 회사에서는 해마다 목표 대비 성과를 평가하는데, 이때의 목표는 사실상 실패가 불가능하도록 설정된다. 요즘에는 키워드를 몇 개 입력하면 성과 평가를 자동으로 생성해 주는 온라인 프로그램을 이용한다. 능력이 의심스러운 사람들에 대한 평가를 기분 나쁘지 않을 만한 선에서 쏟아낼 수 있다는 장점이 있지만 정확하지 않은 평가를 하게 될 가능성도 있다.

이 프로그램에 테리의 성과 키워드를 입력하자 이런 평가 문구가 생성되었다. '테리에게는 많은 업무가 주어졌고 그가 보여준 성과는 측정이 불가할 정도로 회사에 엄청난 영향을 미쳤습니다. 한 번도 본 적 없는 창의력을 보여준 그는 회사 문화에도 큰 변화를 주었고 그가 가진 지식의 가치는 전례가 없을 정도로 특별했습니다.' 내가 이런 식으로 테리에 관해 기록했다면 그는 영원히 회사 붙박이가 되었을 것이다. 온라인 평가 생성기의 상투적인 말은 미심쩍은 구석이 있다.

스토아 철학이 전하는 말

마르쿠스 아우렐리우스는 누군가가 내린 평가를 무시하지 않고 불쾌하지 않게 받아들이는 일은 평가 내린 사람을 바라보는 시선에 달려 있다고 생각했으며 자신을 향한 비판을 불편해하지 않았다. 모든 사람은 불완전하며 실수할 수 있다는 사실을 인식하면 평가도 관대하게 이해할 수 있다. 이러한 인식이 평가 내린 사람의 의도를 더 잘 꿰뚫어 볼 수 있게 하기 때문이다. 누군가가 나를 위해 애쓰고 있음을 이해하는 관점은 훌륭한 출발점이다. 평가자의 말을 판단하기 전에 먼저 그가 애써 생각했다는 사실을 받아들여야 한다.

또 내가 조언해야 할 때는 기꺼이 돕고 싶어 하는 마음이 느껴지는 말투로 전달해야 한다. 사실은 명확히 이야기하되 필요할 경우 상투적인 말을 덧붙일 수도 있다. 마르쿠스 아우렐리우스는 원로원 의원뿐 아니라 장군과 교사의 지도를 받았고, 그들로부터 정직하게 있는 그대로 말하기를 배워 실천했다. 그래서 그의 삶과 국가 통치와 관련된 의사결정은 늘 진솔한 토론과 대화로, 때로는 비판으로 이루어졌다.

또 마르쿠스 아우렐리우스는 자신이 받은 피드백을 전략

일하는 사람을 위한 철학

적으로 평가했다. 피드백을 긍정적으로 해석할지 부정적으로 해석할지 선택하는 것은 자신의 몫이라고 말했고, 그것이 좋은 의도에서 나왔는지 나쁜 의도에서 나왔는지를 판단하는 것도 자신의 몫으로 보았다. 그는 건설적인 피드백을 알아보고 이를 긍정적인 마음가짐으로 받아들임으로써 평가를 배움과 발전의 기회로 삼았다.

《명상록》
제2권 15절

"냉소주의 철학자 모니모스는 모든 것은 의견에 지나지 않는다고 말했다. 이 말을 진실로 받아들인다면 그 효용도 명백히 알 수 있을 것이다."

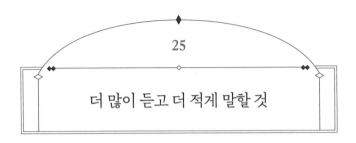

25

더 많이 듣고 더 적게 말할 것

그날의 마지막 온라인 회의는 1시간 동안이나 계속됐다. 다들 회의가 끝나면 60분 동안 새로운 판매 시스템을 논의하느라 기진맥진한 영혼을 되살릴 술을 마시러 떠나겠다며 희망적인 상상을 하고 있었다. 그런데 회의가 끝나갈 무렵 구매팀 론다가 진행자의 말을 자르고 이렇게 질문하는 바람에 우리의 희망은 산산이 부서지고 말았다. "제대로 조치할 수 있도록 다음에 해야 할 일을 한 번 더 살펴보는 게 어떨까요?"

모두의 얼굴에 실망감이 역력했다. 다들 론다가 한 질문이 사실은 질문이 아니라는 것을 알고 있었다. 론다는 일에 대한 자기 생각을 질문의 형식으로 은근히 드러낸 것이었다. 그녀는 오늘 회의에서 이런 회의가 얼마나 중요한지, 또 어떻게 해야 회의가 토론과 논쟁의 장이 되는지 일장 연설을 늘어놓았다. 실행 방안이나 결론과 관련한 언급은 없었다. 그런데도 사람들이 그 말을 끊지 않고 듣고 있었던 이유는 모니터 카메라로 자기 모습이 찍히기 때문이었다. 모두가 회의에서 벗어날 적당한 때가 오기를 기다리며 예의를 갖춰 중간중간 고개를 끄덕일 수밖에 없었다.

그래서 내가 용기 내어 론다의 말을 끊고 끼어드는 수밖에 없었다. "론다, 회의의 좋은 점을 알려주었군요. 하지만 지금은 판매 시스템에 관한 이야기를 해야…" 그러자 론다는 재빨리 끼어들어 내 말을 끊고 자기 얘기가 아직 안 끝났다고 말했다. 보다 못한 회의 진행자가 끼어들어서 다음 실행 방안을 정할 시간이 부족하다고 알려주었지만 론다는 굴하지 않고 계속해서 말을 이어나갔다. 결국 한 사람씩 화면을 끄고 회의에서 나가기 시작했고 곧 론다 혼자만 남게 되었다.

이 사례를 통해 대다수가 다른 사람의 말과 반응에 제대로 집중하지 않는다는 사실을 알 수 있다. 그저 대화가 잠시 멈춘 틈을 타서 자기 얘기를 하거나 대화에서 빠져나가려고 기다릴 뿐이다. 다른 사람이 말하는 도중에 끼어들면 안된다는 식의 조언은 주로 어린아이에게 가닿지만 사실 어른이야말로 최고의 말 자르기 선수다. 론다가 수용적인 마음가짐으로 동료들의 말에 귀 기울였다면 회의가 끝나기도 전에 모두 나가버리는 수모는 피할 수 있었을 것이다.

스토아 철학이 전하는 말

스토아 철학자들은 다른 사람의 말에 진심으로 공감하고 이해하기 위해서는 그 말에 의도적으로 귀 기울여야 한다고 말했다. 이는 말하는 이가 이야기한 것에 내용을 추가해야겠다는 생각이 들더라도 말하고 싶은 충동을 참아야 한다는 뜻이기도 하다. 제논이 남긴 유명한 말을 새기면 도움이 된다. "우리에게 귀가 두 개이고 입이 한 개뿐인 이유는 더 많이 듣고 더 적게 말하기 위해서다."[3]

모든 토론자는 주로 경청하고 정말 가치 있는 내용을 전할 수 있을 때만 발언할 수 있어야 한다. 장황하기만 하고 알맹이 없는 말은 하지 않는 게 더 낫다. 마르쿠스 아우렐리우스는 양아버지 안토니누스 피우스를 존경했고 공익에 이바지할 수 있는 사람의 말에 귀 기울이는 태도를 지도자의 훌륭한 자질이라고 생각하면서 배우려 했다.

또 마르쿠스 아우렐리우스는 '자연'에 순응하는 삶을 사는 사람들의 말을 귀담아들어야 한다고 조언했다. 스토아 철학에서 자연은 여러 가지 의미를 지닌다. 우주와 생물이 만들어지고 변화하고 소멸하는 과정, 선과 악의 논리를 더 잘 파악하기 위해 추론하는 능력이 전부 자연에 해당하며 이러한 자연은 곧 '미덕'이기도 하다.

이 모든 것으로 미루어 볼 때 마르쿠스 아우렐리우스도 회의에서 주제에서 벗어난 이야기를 해대는 구매팀 론다의 이야기를 듣는 데 그리 많은 시간을 할애하지는 않을 것이다. 그렇다면 다른 사람들에게는 어떻게 할까? 그는 동료들이 집과 직장에서 어떤 사람들인지, 누구와 시간을 보내는지 염두에 두었을 것이다. 그리고 그들이 진정으로 흥미를 갖고 꼭 말하고 싶어 하는 것이면 귀 기울였을 것이다.

실제로 그는 사람들의 말에 귀 기울였을 뿐만 아니라 말할 때는 그들의 관점에서 말하려고도 했다. "다른 사람이 하는 말에 귀 기울이고 가능하면 말하는 사람의 머릿속에 들어가는 습관을 길러라."[4]

《명상록》
제7권 4절

"그 어떤 이야기나 행동도 간과하지 마라. 이야기의 의미와 중
요성, 행동의 성향과 의도에 주목하라. 또 어떤 충동이 있을 때
는 추이를 살펴 그 결국이 무엇일지를 알아야 한다."

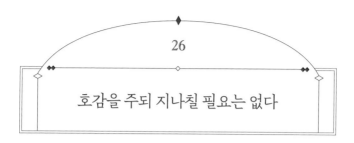

호감을 주되 지나칠 필요는 없다

   기자로 일할 당시 직장에서 만난 부고 기사 담당자 레이먼드는 회사 내 모든 사람에게 두려움의 대상이었다. 그는 성격이 세고 날카로웠으며 누가 무슨 일을 부탁하기라도 하면 지옥의 사냥개처럼 달려들었다.

   그러던 어느 날, 업무의 연장선인 점심 식사에 지각했을 때 내가 가장 두려워하던 일이 발생했다. 남은 자리가 벽 쪽의 레이먼드 바로 옆자리뿐이었다. 그는 나를 등지고 앉아 오른쪽에 앉은 사람과 복합 형용사의 장점을 이야기하고 있었다(복합 형용사의 장점 같은 건 없다).

나는 빵을 씹으며 벽을 멍하니 보다가 대화에 참여하려고 이렇게 말했다. "형용사는 과대평가됐어요." 쓸데없지만 어떻게든 대화에 끼어보려고 간신히 쥐어 짜낸 말이었다. 레이먼드는 공허해 보이는 파란 눈동자로 나를 흘긋 보더니 비뚤어진 빨간 넥타이를 고쳐 매고 홱 돌아앉았고 그렇게 점심시간 내내 나를 등지고 있었다. 얼마 안 가서 그는 정리해고를 당했고 프리랜서 기자가 되었다. 까다롭고 너무 쉽게 발끈하며 불친절해서 불러주는 사람이 없었다. 그가 다른 사람에게 호감을 주는 걸 목표로 삼지 않았음은 분명했다.

레이먼드와 달리 필사적으로 호감을 얻어내려는 사람들도 있다. 그러나 모든 사람에게 호감을 얻겠다는 것은 실패할 수밖에 없는 목표다. 다른 사람들이 자신을 좋아하기를 바랄 수는 있어도 모든 사람과 잘 지낼 수는 없다는 사실을 받아들여야 비로소 자유로워질 수 있다. 내가 실패한 일뿐만 아니라 잘한 일도 지적하고 싶어 하는 사람들이 늘 있기 마련이다. 다른 사람의 호감을 얻으려고 애쓰다 보면 나를 못마땅하게 여기는 사람이 이익을 얻는 상황을 자초할 수도 있다. 그렇게 되면 스스로 괜한 원망을 하게 되고 몹시 괴로워진다.

일하는 사람을 위한 철학

타인과의 관계에서 먼저 이름을 기억해주고 긍정적인 태도와 자신감 있는 모습을 보이면 호감을 줄 수 있다. 하지만 이에 과하게 몰입하면 오히려 손해다. 1985년, 아카데미 시상식에서 여우주연상을 받은 영화배우 샐리 필드가 이런 말을 하고 나서 손해를 입은 것처럼 말이다. "이제 여러분이 날 좋아한다는 걸 부정할 수 없게 되었군요!" 이 수상 소감 이후 안타깝게도 꽤 여러 사람이 그녀를 좋아하지 않게 되었다.

스토아 철학이 전하는 말

무장한 전사들의 검투 경기는 로마 제국 전역의 모든 계층에서 매우 인기가 있었다. 그러나 마르쿠스 아우렐리우스는 유혈이 낭자한 참혹함에 반대했기 때문에 즐기지 않았다. 직접 관전하게 된 경기에서는 날카로운 무기 사용을 금지하기도 했다. 그는 경기장에 몰려드는 군중도 외면할 정도로 검투 경기를 싫어했고 그보다 독서와 일을 좋아했다. 이 때문에 그는 그의 인기가 떨어지지 않을까 우려한 스승 프론토로부터 꾸중을 듣기도 했다. 그러나 마르쿠스 아우렐리우스는 다른 사람의 시선을 의식하느라 생기는 걱정은 그저 시간 낭비일 뿐이라고 생각했다.

그러나 다른 사람을 의식하지 않기란 매우 어려우며 호감을 얻는 문제에서 자유로워지기도 쉽지 않다. 그렇다면 어떻게 해야 이런 걱정에 얽매이지 않을까? 다른 사람의 의견에 스스로 가치를 부여하면 '지금 내가 하는 말은 어떻게 생각할까?' 하는 걱정이 생겨난다. 그러니 타인이 말한 내용 중에서 사실과 의견을 구분한 뒤 의견에는 휘둘리지 말고 그가 내 말을 좋아해 주기를 바라는 마음도 내려놓자. 그러면 걱정이라는 단단한 족쇄를 끊어낼 수 있다.

《명상록》
제4권 3절

"그러나 명예를 향한 욕망이 당신을 괴롭힐 것이다. 그럴 때면 모든 것이 얼마나 빨리 잊히는지 떠올리고 과거에서 현재로 이어지는 무한한 시간의 혼돈, 박수의 공허함, 칭찬하는 척하는 사람들의 변덕과 판단력 부족, 이 모든 것을 둘러싼 공간의 협소함을 보라. 그러면 마침내 차분해질 것이다."

일하는 사람을 위한 철학

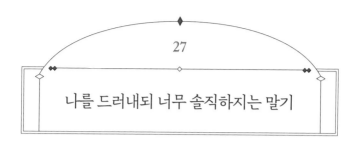

27

나를 드러내되 너무 솔직하지는 말기

월요일 아침, 출근길에 만난 동료가 주말에 무엇을 했냐고 물었다. 빨래를 여러 번 했고 식기세척기 때문에 배우자와 다투었고 우주 비행사가 되어 지구가 아닌 국제 우주 정거장에서 살아야 하나 고민했다고 솔직하게 이야기해도 될까?

'직장에서 자신을 드러내기'는 일하는 자아와 그 외의 자아를 통합하려는 시도와도 같다. 직장 동료에게 자신을 완전히 드러내면 서로 잘 이해하게 되어 함께 일하는 데 더 효과적일 것이라고 생각한 적이 있는가? 배우자보다 직장 동료와 더 많은 시간을 보내는 것이 사실이지만 직장에서는 할 말이 있고 하지 말아야 할 말이 있다. 직장에서 나의 모습을 어느 정도까지 공개할 것인가는 잘 생각해 보아야 하는 문제다.

나의 일하는 자아는 미리 계획하고, 회의에 참석하고, 점심시간에 샌드위치를 흘리지 않으려고 조심스레 먹는다. 또 빠진 문제가 없는지 확인하기 위해 진행 중인 프로젝트를 더 깊이 있게 분석하자고 제안하기도 한다. 하지만 집에서의 자아는 3주 동안 침대 시트를 정리하지 않고, 드라마를 한 번에 몰아서 보고, 욕조에 몸을 담근 채 아이스크림을 먹는다. 그렇기에 집에서의 자아까지 너무 솔직하게 드러내면 반드시 문제가 생긴다.

미국 공상과학 드라마 〈세브란스: 단절〉은 이 두 개의 자아를 극단적으로 묘사한다. 이 드라마에 등장하는 루먼 인더스트리 직원들은 출근할 때 '이니innie'로, 퇴근할 때는 '아우티outie'로 자아를 바꿔주는 칩을 이식받는다. 이 두 가지 버전의 자아는 서로 교류하지 않는다. 이는 곧 회사에서 자신의 퇴근 후 자아를 완벽히 숨길 수 있고 회사에서 벌어진 은밀한 사건도 아무도 알지 못하게 할 수 있다는 뜻이다.

현실 세계 직장에서도 자신이 보이고 싶은 모습만 보이고 퇴근 후 모습은 숨길 수 있다. 대외협력팀 스티브가 내게

일하는 사람을 위한 철학

다가와 이렇게 말한 적이 있다. "직장에서 솔직한 모습을 보여주는 것 같아서 정말 좋아요." 내가 사무실 책상에 올려둔 스노볼을 보고 빈정거리는 말이었다. 회사는 우리에게 직장에서 자신을 솔직하게 드러내라고 권장하지만 우리는 드러내야 하는 부분만 드러낼 줄 알아야 한다.

이쯤에서 더 근본적인 의문을 제기할 필요가 있겠다. 직장에서 자신을 드러낸다는 것은 무엇을 의미할까? 사업개발팀 리앤에게 솔직히 당신이 짜증 난다고 소리쳐도 될까? (당연히 안 된다.) 내가 관심 있는 파타고니아의 조류 생태에 관한 워크숍을 진행해도 되는 걸까? (절대 안 된다.) 영화 〈나이트메어〉의 프레디 크루거처럼 분장해도 될까? (핼러윈 행사가 아니라면 곤란하다.) 이 정도로 솔직해지지 않아도 일로 얼마든지 자신의 존재를 드러낼 수 있음을 아는 게 여러모로 이로울 것이다.

내 경험상 직장 내 인간관계가 온전히 잘 유지되는 비결은 속마음을 솔직하게 털어놓지 않는 데 있다. 재무팀 샤론에게 도널드 트럼프가 그녀보다 성격이 더 좋을 거라고 솔직하게 말하면 얼마 안 가 실직할지도 모른다.

'나를 드러내기'는 직장 내 어느 위치에 있느냐에 따라서도 가능한 범위가 달라진다. 고위직 임원 정도 되면 더 이상 자신을 증명할 필요가 없으므로 아무런 거리낌 없이 자신을 드러내는 게 가능해진다. 이미 정상에 올랐으니까. 하지만 아직 그 아래 단계에 있는 우리는 일을 잘하는 모습 위주로 보여줘야 한다.

스토아 철학이 전하는 말

스토아 철학자들은 인간의 이성을 뜻하는 '로고스logos'가 세상을 움직이는 힘이라고 믿었다. 우주적 차원에서 로고스는 우주와 인간의 진정한 본성을 다스리고 연결하는 합리적 원리를 뜻한다. 마르쿠스 아우렐리우스 역시 "만물의 상호 의존성은 자주 관찰할 가치가 있다. (…) 모든 일에는 순서가 있으며, 그 일들은 적극적인 움직임과 조화, 그리고 본질의 통일성에 따라 펼쳐진다"[5]라고 말했다. 우리가 같은 본성을 지닌 다른 사람들과 서로 연결되어 있음을 인식하지 못하면 인생은 고통스러워진다.

또 마르쿠스 아우렐리우스는 이렇게 말했다. "그렇다면 로고스의 원리는 무엇인가? 이를테면 선과 악을 선포하고 구별하는 것이다. 참되고 선한 삶은 인간의 본성이 요구하

일하는 사람을 위한 철학

는 것들을 행하는 데에 있다. 정의, 절제, 인내 같은 미덕을 고취하는 것 이외에 인간에게 참되게 좋은 것은 없으며 반대로 악으로 이끄는 것은 모두 나쁘다는 것을 이해하는 것 또한 로고스의 원리다."[6]

스토아 철학자에게 직장에서 자신을 적당히 드러내는 것은 전혀 문제가 되지 않을 것이다. 그것이 자연에 부합하는 행동이면서 부풀어 오르는 감정의 충격을 완화하는, 보편적 이성의 내적 발현이라고 설명할 것이다. 이때 부풀어 오르는 감정이란 3시간 동안 IT팀의 게리와 통화하면서 느끼는 좌절 같은 것이다.

스토아 철학을 실천하는 현인이 된다면, 즉 스토아 철학의 미덕을 언제나 되새기는 사람이 된다면 자신을 솔직하게 드러내도 위험하지 않다. 흠잡을 데 없는 자제력을 갖추었을 테니 무심결에 "IT팀 게리의 말은 지루하다"고 내뱉는 일은 일어나지 않을 것이다. 하지만 우리 존재의 한계를 고려할 때 현인다운 행동은 현실적으로 달성할 수 있는 것이라기보다 열망하는 것에 가깝다. 이러한 이상을 향해 나아간다는 것이 중요하다.

《명상록》
제12권 14절

"격랑의 파도 속에서 너를 다스릴 지성이 너의 내면이 있음에 만족하라. 거센 파도가 네게서 모든 것을 파도가 휩쓸어 가도록 놔두되, 정신만은 파도에 절대로 휩쓸려 가지 않게 하라."

일하는 사람을 위한 철학

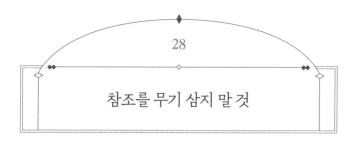

28

참조를 무기 삼지 말 것

이메일 에티켓은 온라인 커뮤니케이션이 시작된 뒤로 계속 골칫거리였고 원격 근무제가 보편화된 이후로는 이메일로 적절한 말투를 구사하는 일이 많은 사람에게 훨씬 더 중요해졌다. 너무 친근한 말투를 쓰면 받는 이가 진지하게 받아들이지 않을 수도 있고 또 그렇다고 해서 적당히 친근한 말투를 쓰지 않으면 기분 나빠하는 사람들이 있을 수 있다. 초조하게 기다려 보지만 답장이 오지 않아 반응을 알 수 없을 때도 있다.

어떤 말투를 사용할지 결정하는 일은 전하고자 하는 내

용의 성격을 정하고 받는 사람이 누구인지 파악하는 것에서 시작된다. CEO에게 이메일을 보낼 때는 특히 다른 직원에게 보낼 때와 달리 신중하게 결정해야 할 사항이 많다. 우선 '안녕하세요Hi', '안녕하십니까Hello', '○○ 님께Dear' 중 어떤 말로 시작할지부터 정해야 한다.

물론 어느 정도 높은 직급에 이르면 '마틴, 오늘 제출해야 하는 프레젠테이션 자료는 어떻게 됐죠?'라고 본론만 쓸 수 있을 것이다. 그러나 아직 낮은 직급이라면 예의 차리는 말을 생략하는 호사 따위는 누릴 수 없다. 아마도 이렇게 쓰지 않을까? '안녕하세요, 마틴. 주말 잘 보내셨죠! 혹시 대표님께서 오늘 보고 싶어 하신 프레젠테이션 자료는 어떻게 됐을까요? 정말 말도 안 되는 일정이죠? 제가 도와드릴 일 있으면 알려주세요. 감사합니다!'

분명한 사실은 직급과 상관없이 이메일을 친절하게 쓰면 대체로 결과가 좋다는 것이다. 그러나 느낌표를 과도하게 쓰는 방법은 권하지 않는다. CEO가 전 직원에게 보내는 이메일에 '수익이 증가했습니다!!!!'라고 쓰지 않는 데는 이유가 있다.

그렇다면 끝인사는 어떻게 해야 할까? 격의 없이 '고마워요cheers', '그럼 이만cheerio', '안녕yo' 같은 말을 쓸지, 아니면

일하는 사람을 위한 철학

조금 더 정중하게 '따뜻한 관심을 담아warm regards'를 붙일지, 그냥 평범하게 '감사합니다thanks'라고 할지 정해야 할 것이다. 한 친구는 형식적인 말로 이메일을 마무리하는 게 내키지 않아 끝인사를 완전히 생략하기로 했다가 한숨 쉬며 이렇게 말하게 됐다. "참 복잡한 문제야. 나는 대체로 이메일을 친근하게 쓰려고 노력하는데 의도가 잘 전달되지 않는 경우가 많은 것 같아. 답장으로 무덤덤하고 형식적인 인사만 받을 때도 있으니 말이야."

그런데 이메일 에티켓에서 가장 논란이 되는 문제는 참조에 누구를 어떤 방식으로 넣을 것인가다. 어떤 사람들은 이메일 참조를 무기 삼아 자신의 평판을 좋게 유지하려고 하기도 한다. '참조'를 뜻하는 'cc'는 'carbon copy(카본지로 만든 복사본이라는 뜻—옮긴이)'를 줄인 말이지만 요새는 제삼자에게 정보를 제공하는 것 이상으로 그 의미가 넓어졌다. 이제 참조는 중요한 사람을 모두 추가해 상사에게 일을 많이 하고 있다고 피력하고 싶어 하는 직장인을 위한 도구가 되었다. 이런 사람들은 오전 6시 또는 밤 11시 30분이라는 무시무시한 시간이 찍히도록 이메일을 보내서 무한한 업무 능력을 과시하려 한다. 이보다 더 교묘하게 '숨은 참조'를 활용해서 동료들에게 다른 이를 비꼬는 사람도 있다.

스토아 철학이 전하는 말

마르쿠스 아우렐리우스는 명확하고 직접적이며 간결한 의사소통으로 자기 생각을 표현했다. 경박한 표현이나 감탄사도 사용하지 않았다. 그는 그렇게 쓴《명상록》이 고전 자기계발서가 되어 이토록 많이 읽히는 책이 될 줄 몰랐을 것이다.

그는 로마 제국 황제였기에 다른 제국과의 전쟁으로 인한 엄청난 압박감과 어려움에 직면해 있었고 북쪽 국경의 야만 부족과 전염병, 실망스러운 후계자도 신경 써야 했다. 그 와중에도 그는 누구와 교류하든지 간에 상대방의 사회적 지위와 관계없이 예의 바르고 관용적인 말투를 구사했다. 그렇게 함으로써 품위를 지킬 수 있다고 여겼기 때문이다.

마르쿠스 아우렐리우스가 다른 고위 공직자를 깎아내리거나 누군가에게 모욕을 주기 위해 참조 기능을 이용하는 일은 상상조차 하기 어렵다. 물론 그가 살던 시대에는 이메일이 없었기에 상상한다면 편지의 사본을 이용해 일을 꾸미는 행위를 생각해 볼 수 있을 것이다. 또 그가 느낌표를 여러 개 붙여서 글을 썼다면 그의 철학적 통찰이 가볍게 느껴졌을 것이다.

일하는 사람을 위한 철학

"그 누구와도 교류하지 않을 정도로 완벽하게 비사교적인 사람을 찾는 것보다, 같은 흙과 함께하지 않으려는 흙을 찾는 편이 더 빠를 것이다!!!"[7] 역시나 느낌표가 들어가니 그 울림이 이전 같지 않다.

《명상록》
제4권 32절

"모든 일에서 각각의 일이 지닌 합당한 가치에 비례해서 일의 경중에 따라 너의 관심과 힘을 쏟아야 한다."

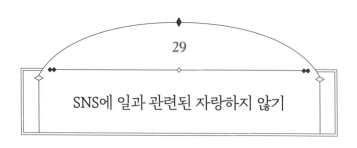

29

SNS에 일과 관련된 자랑하지 않기

내 능력이 다른 사람과 비교도 안 될 정도로 뛰어나다고 믿을 수는 있다. 하지만 그것을 대놓고 자랑하는 것은 또 다른 이야기다. 본인이 회사에서 잘나가고 있으며 그런 상태를 즐기고 있다고 동네방네 떠벌리는 것은 역효과가 날 위험이 크기 때문에 여러모로 현명하지 못한 처사다.

어떤 사람이 달리기 경기장에서 찍은 자기 사진과 함께 '좋아하는 일'이라는 딱 두 단어를 써서 인스타그램에 올린 적이 있다. 그는 유명 정치인의 자문위원으로 일하고 있었기에 이 인스타그램 게시물이 세간의 관심을 끌었다. 사진

일하는 사람을 위한 철학

속 그는 후원 기업 특별석에 앉아 있었다. 이 특별석에 앉는 것은 소속 정당의 선물 수수 정책을 위반하는 행위였다. 이 이야기가 언론에 보도되고 그는 정치 인생에 마침표를 찍게 됐다.

SNS로 일로 이룬 성취를 스스로 알려 자랑하는 이들의 행동 역시 생각해 볼 필요가 있다. SNS 피드에는 '내가 정말 자랑스럽다' 같은 민망한 문구를 넣어서 자신이 이룬 일을 노골적으로 자랑하는 게시물이 수없이 올라온다. 때때로 '과분하게도'라는 겸손한 말을 함께 쓰기도 하는데, SNS에 내가 이룬 일을 알리는 것이 이미 겸손과는 거리가 먼 행동이라는 건 모두가 알 것이다. 자신의 성과를 알리는 일은 그 소식을 접하는 사람이 거부감을 느끼지 않고 함께 의미 있는 통찰을 할 수 있을 때만 가치가 있다.

일 이야기를 자랑과 합쳐서 올리는 게시물은 한겨울에 가장 강력한 힘을 발휘한다. 추운 날씨 때문에 기운 빠진 사람들의 열을 올리기 때문이다. '햇볕 쨍쨍한 하와이에서 전하는 인사! 전략 회의를 훌륭하게 마친 뒤에 전략팀과 칵테일을 마시며 친목을 다지는 시간!' 어떤 성과를 냈는지 자세히 설명하지도 않고 자랑하는 이런 게시물은 보는 이의 '그래서 어쩌라고' 폴더로 직행하게 된다.

언젠가 대외협력팀 스티브가 파트너십 우수상을 받고 나서는 인스타그램에 '내가 아니라 우리 팀이 받아야 할 상'이라는 문구와 슬픈 얼굴 이모티콘을 게시한 적이 있다. 댓글로 그를 축하하는 상사는 많았지만 부하직원은 아무리 찾아봐도 없었다. 스티브가 부하직원에게는 알리지 않았기 때문이었다.

스토아 철학이 전하는 말

겸손은 스토아 철학의 원동력이다. 겸손하지 않으면 배우고 적응하며 관계를 쌓는 능력이 자존심 때문에 약해진다. 에픽테토스 또한 이렇게 말했다. "자신이 이미 안다고 생각한다면 배움은 불가능하다."[8]

마르쿠스 아우렐리우스는 "겸손을 자랑으로 내세우는 사람보다 더 남부끄러운 것도 없다"[9]라고 말했고 이 신념을 행동으로 보여주었다. 그는 언제나 필요한 말만 했고 허풍 떨거나 자기 업적을 자화자찬하지 않는 겸손한 태도로 일과 삶을 대했다.

또 이런 말로 그 자신과 사람들을 일깨웠다. "경주마와 사낭개는 제 할 일을 잘하고 나서도 소리 내지 않으며 꿀벌도 꿀을 만들었다고 해서 소리 내지 않는다. 따라서 친절을 베푼 사람도 그 일을 세상에 퍼뜨리지 말고 다음 계절에 다시 열매 맺는 포도나무처럼 최대한 빨리 또 다른 친절을 베풀어야 한다."[10]

그와 동시에 남을 도울 때는 돕고 싶은 진실한 마음을 발휘해야 하며 인정과 칭찬을 받기 위해 행동하면 안 된다고 여겼다. "좋은 사람이 되는 것이 자신의 임무임을, 자연이 사람들에게 무엇을 요구하는지를 상기하라. 그런 다음 머뭇거리지 말고 실천하라. 또한 보이는 그대로의 진실을 말하되 친절하고 겸손하며 위선이 없어야 한다."[11]

《명상록》
제8권 33절

"우쭐함이 없이 받아들이고 언제든 놓을 준비를 하라."

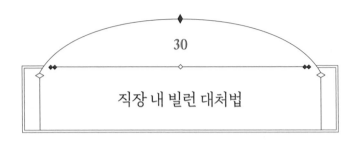

30

직장 내 빌런 대처법

이번 이야기에 귀 기울인다면 대부분의 일터가 더 행복한 환경을 갖추게 될 것이다. 하지만 문제는 '그들'이 귀 기울이지 않는다는 것이다. '그들'은 어느 직장에서 일하든 만나게 되는 '빌런'을 의미한다.

사업개발팀 리앤은 갈색 단발머리에 걸걸한 목소리를 내며 음흉한 미소를 짓기도 한다. 그녀는 일단 표적을 한 명 정하고 나면 그 표적을 제외한 모든 사람이 참석하는 행사를 마련했다. 그런 다음 그 행사가 얼마나 대단했는지, 참석자들이 얼마나 끈끈한 유대감을 쌓을 수 있었는지 정리한

일하는 사람을 위한 철학

문서를 나누어 주었다.

회의 시간이 되면 리앤은 표적이 된 인물에게 "음, 우리 모두 당신이 제 몫을 해주기를 참을성 있게 기다리고 있어요"라고 말했고 그 말을 들은 당사자는 몹시 당혹스러워하며 가만히 앉아 있을 수밖에 없었다. 그녀는 여러 직원이 모여 커피 마시는 자리를 마련하지만 '깜빡하고' 표적을 부르지 않았고 쫓아내겠다고 마음먹고 나서는 모든 사람에게 인사하면서도 표적은 못 본 척했다. 이 상황을 인식한 이들에게 리앤은 그야말로 악몽 같은 존재였다.

직장 내 빌런은 윗사람들에게는 정체를 드러내지 않는다. 오직 동료나 아래 직급 직원들에게만 정체를 드러낸다. 빌런은 오히려 자신이 늘 열심히 임하고 있으며 본인은 누군가가 해야 하는 중요한 일을 나서서 하는 사람이라고 생각한다. 정말 그럴까? 빌런은 그저 교묘하고 냉혹하며 속임수만 생각하는 사람일 뿐이다.

팀장이 팀에 빌런이 있는지 알 방법은 모든 팀원과 이야기를 나누는 것뿐이다. 문제는 팀원 대다수가 혹시라도 빌런이 팀장과 한 편이지는 않을까, 그래서 고발한 사람만 팀에서 고립되진 않을까 하고 걱정해 빌런에 관해 얘기하고 싶어 하지 않는다는 것이다.

채용 과정에서 빌런을 걸러내기는 사실상 불가능하다. 이들이 평판 조회 요청을 받은 사람에게 좋은 말을 하라고 협박하거나 인성 검사에서 거짓말을 하거나 면접에서 자신의 역량에 대한 포부를 그럴듯하게 꾸며낼 수도 있기 때문이다. 입사 초기에 그 본래 모습을 조금이라도 엿보고 싶다면 같이 술을 마시면서 빌런 스스로 억누르고 있는 것을 느슨하게 만드는 방법이 있다. 누가 빌런인지도 잘 알기 어려운 시기에 그 자리에서 정말 좋은 사람들을 헐뜯기 시작하는 사람, 그가 바로 빌런이다.

스토아 철학이 전하는 말

주변에 어떤 이들을 둘지, 그들과 어떻게 어울릴지 선택하는 것은 스스로 통제할 수 있는 일이면서 스토아 철학의 핵심 주제기도 했다. 동료의 험담에 동참하기는 쉽지만 그러면 나 역시도 마찬가지로 야비해진다. 험담하는 이들을 주위에 두지 않겠다는 결정은 다른 더 중요한 일에 주의를 집중하기로 결정한 것과 같다.

마르쿠스 아우렐리우스는 공동 황제직을 수행한 배다른

동생 루키우스가 검투사 경기와 사냥 같은 경박한 놀이에 빠진 모습을 좋지 않게 봤다. 그래서 알프스산맥을 함께 건너던 루키우스의 죽음에 관여했을지도 모른다는 설이 있는데(1부 〈사람은 원래 짜증 난다는 사실 받아들이기〉 참고), 사실이라면 당시 그도 빌런을 주위에 두지 않는 결단이 필요했던 것 같다.

에픽테토스는 이렇게 말했다. "사람들과 정기적으로 관계를 맺으면 어쩔 수 없이 그들과 닮게 될 것이다. 흙투성이인 사람과 어울리면 자신도 어느 정도 더러워지는 것을 피하기 힘들다는 점을 기억하라."[12]

누구를 가까이하느냐는 매우 중요한 문제다. 일터에서 우리는 더 현명하고 친절하며 성취감을 느끼는 사람들에게 관심을 기울여야 한다. 이들은 우리를 격려하고 지지함으로써 덕을 쌓고 때로는 값진 비판도 해준다.

빌런 앞에서 좌절만 할 필요도 없다. 해로운 사람들, 불편함, 불운에 잘 대처하면 회복력을 기르고 다가올 힘든 일을 더 잘 견뎌낼 수 있다. 마르쿠스 아우렐리우스는 문제가 되는 사람 때문에 피해를 봤는지는 따져보았지만 무례하게 대응하고 싶은 충동은 억눌렀다. 가장 최선의 대응은 그들이 저열하게 행동할 때 나는 품위 있게 행동하는 것이다.

《명상록》
제6권 6절

"최고의 복수는 그런 사람이 되지 않는 것이다."

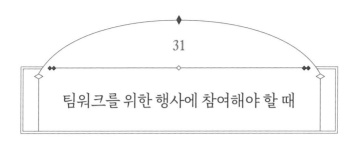

31

팀워크를 위한 행사에 참여해야 할 때

팀워크를 다지는 행사는 대개 직원이 아니라 고용주를 위한 것일 때가 많다. 전쟁을 치르듯 하루하루 열심히 분투하는 우리에게, 원치 않는 사람들에게 집중하며 시간을 보내야 하는 행사는 시간만 낭비하는 고문처럼 느껴질 수 있다. 물론 행사가 잘되지 않았을 때 이야기다. 잘 진행된 성공적인 행사는 조직이 화합하고 동료애까지 다질 수 있는, 매우 가치 있는 일이 된다.

받은 메일함에 팀워크 다지기 행사 초대장이 날아들 때 직원들이 보이는 첫 반응은 눈을 굴리며 행사 때문에 제때

마무리하기 어려워진 업무를 떠올리며 불평하는 것이다. 이어서 스스로 이런 질문을 던지며 사전 심리 테스트를 해 보기도 한다. '사람들과 함께 일하는 것을 좋아하는가?' (아니요.), '직장 동료가 내게 잘못했을 때 참을 수 있는가?' (아니요.), '복권에 당첨되어 일하지 않아도 되면 좋겠는가?' (네.)….

행사 당일에는 무작위로 선정된 조원들과 함께 익히지 않은 파스타 면과 마시멜로로 조각 작품을 만드는 코너 직전에 급한 일이 생겼다고 가짜로 전화 걸어 줄 친구 한 명을 만들어 두는 편이 좋다. 이 작전이 실패하면 '유대감 북돋우기: 동료를 알아보자' 코너가 진행되는 동안 죽은 듯이 가만히 있거나 낯선 사람이나 다름없는 다른 부서 직원과 시답잖은 이야기를 나누어야 할 수도 있다. 그와 통하는 관심사라고는 고용주밖에 없으므로 아무 말도 하지 않게 되기 쉽다.

그다음으로 성격 테스트 결과를 확인하는 시간이 찾아왔다. 행사장 바닥의 한쪽 끝에서 다른 쪽 끝까지 숫자 1부터 10까지 열 개의 숫자가 쓰여 있고 진행자가 내향성과 친화력 등 성격의 특징을 나타낸 항목의 결과에 따라 모든 사람을 해당 숫자에 배치했다. 자제력 항목에서 진행자가 각자 결과를 알려주고 자신이 해당하는 숫자로 이동하라고 말하자 대부분 중간 어딘가에 모였다. 사람들은 두리번거리다가 끝쪽의 1에 가 있는 나를 보고 놀라서 헉하고 숨을 들이마셨고 그중 한 명이 내게 물었다. "도대체 면접은 어떻게 합격한 거죠?"

스토아 철학이 전하는 말

중력파 탐지, 획기적인 의약품 개발, 양자 기술을 활용한 기후 변화 대응 같은 일들은 복잡한 문제를 해결하려고 모인 사람들이 함께 일했기에 가능했다. 그러나 함께 잘 일하기는 여간 쉬운 일이 아니다. 팀이 위대한 업적을 이루려면 유대감이 꼭 필요한데, 협업하기 어려운 사람을 만나면 감정을 억제하지 못해서 유대감이 크게 흔들릴 수 있기 때문이다.

마르쿠스 아우렐리우스는 그에게 해를 끼치려는 사람과 그를 속이려는 사람들이 대놓고 협조하지 않는 상황도 견뎌냈다. 그럼에도 그는 우주는 하나의 생명체고 우리 모두가 더 큰 무언가의 고유한 일부라고 믿으며 이렇게 주장했다. "너 자신도 사회의 일원이므로 모든 행동은 사회에 이익을 주고 사회를 개선하는 것이어야 한다."[13]

이를 더 간결하게 설명하기도 했다. "벌 떼에게 유익하지 않은 것은 한 마리 벌에게도 좋지 않다."[14] 세네카도 "우리의 유대감은 서로 지탱하지 않으면 무너지고 마는 돌 아치와 매우 비슷하다"[15]라고 말하며 사람들이 본질적으로 서로 연결되어 있음을 강조했다.

조화를 이루는 행동은 다른 사람은 물론이고 자신에게도 도움이 된다. 이는 집에서 홀로 양말을 정리하는 편이 낫다는 생각이 들어도 리앤이나 스티브나 샤론 같은 사람들과 익히지 않은 파스타 면으로 탑을 세우며 함께 일하는 것이 진정으로 이롭다는 뜻이다.

《명상록》
제8권 59절

"인간은 서로를 위해 존재한다. 그러므로 그들을 가르치거나 견뎌라."

일하는 사람을 위한 철학

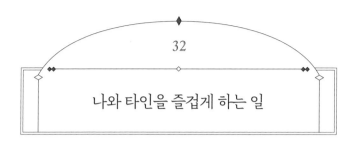

32

나와 타인을 즐겁게 하는 일

정말 인상 깊었던 일에 관한 조언 중 하나는 '사람들에게서 최고의 역량을 끌어내려면 그들을 즐겁게 하라'라는 것이었다. 일터에 재미를 더하고 무채색 직장 생활에 색을 입혀 보자. 이는 업무량이 증가하거나 마감일이 다가오거나 팀원들이 분열할 때 특히 유용하다.

예전에 근무한 회사에서는 오후 3시가 되면 모두 일을 잠시 멈추고 재미있는 이야기를 나눴다. 물론 정말 재미있는지 미심쩍은 이야기도 있었지만 강도 높고 고된 일을 해야 했기 때문에 오후가 절반쯤 지났을 때 머릿속을 가볍게 하는 농담은 꽤 도움이 됐다. 그때 우리는 서로 문제를 내고 답하며 농담을 주고받았다.

- **문제:** 파란색인데 너무 무겁지 않은 파란색은?

  정답: 하늘색Light blue(light의 중의적 의미 '밝은', '가벼운'을 이용한 말장난—옮긴이).

- **문제:** 변기가 언덕 아래로 굴러간 이유는?

  정답: 바닥에 닿으려고To get to the bottom(bottom의 중의적 의미 '바닥', '엉덩이'를 이용한 말장난—옮긴이).

때로는 이런 대화를 주고받으며 배꼽 잡고 웃기도 했다.

"똑똑."

"누구세요?"

"아무도 아닌데요Nobody."

"아무도 아닌 누구요?"

"몸통 없이 머리만 왔는데요(nobody를 no와 body 두 단어로 쪼개서 던진 농담—옮긴이)."

또 우리는 재수 없는 사람들wankers만 쓰는 말(일상적으로 쓰는 말이라기보다 잘난 체하거나 현학적으로 보이고 싶어 하는 사람들이 주로 쓰는 말이다—옮긴이)을 주기적으로 화이트보

일하는 사람을 위한 철학

드에 기록했다.

- penchant (애호)
- vis-à-vis (~와 비교하여, ~에 대하여)
- auspices (후원, 원조)
- as per (~대로, ~에 따라)
- evince (피력하다)
- vanguard (선봉)
- visceral (본능적인)
- palpable (뚜렷한)
- apropos (~에 관하여)
- enchanté ('처음 뵙겠습니다, 반갑습니다'라는 뜻의 프랑스어—옮긴이)
- methinks (나는 ~라고 생각한다)
- synergistic (상승 작용을 하는, 시너지가 발생하는)

왓츠앱에 그룹을 만들어 일하면서 만난 사람의 이름 중에서 가장 재미있는 이름을 공유하며 즐거워하기도 했다. 허레이쇼 크노블로흐, 프랜시스 베이컨, 패티 빅바지, 매뉴얼 마니보그, 도널드 딕포스, 해럴드 어니언스 같은 이름이 기록되어 있었다(말장난이 가능하거나 중의적 의미가 있는 이

름들이다—옮긴이). 10단계까지 측정 가능한 재미 측정기가 있었다면 7단계까지는 올라갔을 것이다.

즐거워지려면 그동안 받은 교육을 효과적으로 활용하는, 세간의 이목을 끄는 직업을 가져야만 할 것 같지만 그렇지 않다. 돈을 엄청나게 많이 벌 필요도 없다(물론 이 두 가지 모두 행복을 얻는 데 도움이 되기는 하지만). 일터에서 즐거운 사람이 되는 일은 동료, 가치관, 성취감을 관리하는 태도에 달려 있다.

즐겁게 일하는 환경을 조성하려면 자신의 유쾌함 수준에도 신경 써야 한다. 자신과 다른 사람을 즐겁게 하는 일은 긍정적인 사고와는 조금 다르다. 무거운 분위기를 가볍게 만드는 태도에 해당하나 그렇다고 심각한 문제를 대수롭지 않게 여기거나 끔찍한 상황에 경솔하게 대처하라는 뜻이 아니다. 무거운 주제에 경쾌함을 약간 더해 긴장된 분위기를 풀고, 어려움에 시달리며 쉬지 못하는 사람을 잠시 쉬어 가게 해주는 방법을 떠올리자는 것이다.

유쾌해지는 방법에 대한 조언을 많이 들었을 텐데 그중에는 웃긴 사람이 되라든가, 긍정적으로 생각하고 자신에게 진실하라든가 하는 터무니없는 조언도 있었을 것이다. 이런 말은 느닷없이 다른 나라 사람이 되라거나 우주와 관련 없는 일을 하는 사람에게 우주 비행사가 되라고 하는 것과 비슷하다. 원래 유머 감각이 뛰어나고 쾌활한 사람이 있는가 하면 전혀 그렇지 않은 사람도 있다. 우리 대다수는 그 중간 어디쯤에 있을 것이다.

어디에 있든지 일터의 밝은 면을 바라보면 칙칙한 업무에 조금이나마 햇살이 비칠 수 있다. 스스로 재미를 약간 더한다고 해서 눈앞에 벌어진 일의 무게가 금세 가벼워지지는 않겠지만 조금은 위로가 될 수 있다. 또 잠시 막막함에서 벗어나 도저히 극복할 수 없을 듯한 문제를 해볼 만하다고 여기도록 하는 데 도움이 될 수 있다.

스토아 철학이 전하는 말

스토아 철학자들은 유머가 힘든 세상의 현실에 대처하는 좋은 태도라고 생각했으며 매사 그렇듯이 지나치기보다는 적당한 쾌활함을 권장했다. 세네카 역시 내가 처한 상황 때문에 웃을 수도 있고 울 수도 있으나 기왕이면 한탄하기보다는 웃는 편이 훨씬 낫다고 생각했다. 그는 자신이 처한 상황을 통해 웃음을 끌어내기를 무척 좋아했는데, 이렇게 하는 것이 일종의 보호막 역할을 해주고 기분을 밝히는 데 도움이 된다고 보았다. "모든 것을 더 높은 곳에서 바라보면 보다 쉽게 견딜 수 있다. 자기 삶을 한탄하기보다 비웃는 편이 낫다. 여기에 더해 인류를 비웃는 사람은 인류를 보며 슬퍼하는 사람보다 더 나은 대접을 받아 마땅하다. 비웃는 사람에게는 나아질 수 있다는 바람직한 희망이 남아 있는 반면 슬퍼하는 사람은 개선할 수 있다는 희망을 모두 포기한 채 어리석게 울기만 하기 때문이다."[16]

에픽테토스 역시 네로 황제 치하에서 노예 생활을 하면서 여러 고난을 겪었음에도 분위기를 밝게 바꾸는 재치를 지닌 사람이었다. "언젠가는 나도 죽는다. 그게 지금이라면 지금 죽어야겠지만 나중이라면 일단 점심시간이 되었으니 점심을 먹고 죽는 것은 나중에 하겠다."[17]

또 그는 이유 없는 비난에 신경 쓰지 않았고 자신을 험담하는 사람을 비웃으며 이렇게 조언했다. "자신에 대한 악담이 오가고 그 말이 사실이라면 스스로 고쳐야겠지만 거짓이라면 마음껏 그 말을 향해 비웃어 주어라."

마르쿠스 아우렐리우스의 글을 보면 그가 재치 있는 성격과는 거리가 있었음을 예상할 수 있다. 장담하건대 그는 몇 가닥 되지 않는 옆머리를 빗어 올려 정수리를 가린 사람이 샌들에 양말을 신고 나타난다고 해도 전혀 웃지 않을 것이다. 내가 지금껏 만난 사람들과 달리 스토아 철학자들은 다른 사람의 불운을 유머 소재로 삼지 않았으니 말이다.

《명상록》
제8권 57절

"이 햇빛을 투과하지 않는 몸은 그 저항 때문에 스스로 어두워질 것이다."

4부

나를
소모하지 않는
생각법

Stoic at Work

Stoic
at
Work

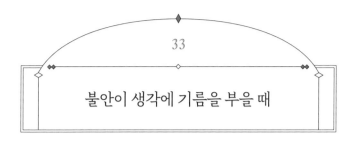

33

불안이 생각에 기름을 부을 때

'너무 많이 생각하지 마라' 같은 말만큼 짜증 나는 것도 없다. 무슨 일을 하든 생각을 해야 하는데…. 그리고 내가 생각을 많이 하든 말든 무슨 상관이란 말인가? 일터에서 엄청나게 큰 실수를 하면 특히 생각이 많아진다. 잠들었다가도 새벽에 깨서 생각하게 되는 그런 실수 말이다. 실수를 조금이라도 바로잡을 만한 묘안이 없는 상황에서도 돌이킬 방법을 필사적으로 찾게 되고 결국 머릿속에 과부하가 걸리고 만다. 그러다가 잠시 후, 이 실수로 모든 것을 망쳐버렸다는 생각 때문에 요동치던 감정이 수그러들고 나면 더 이상 그 일을 생각하기 싫어서 일부러 다른 이야기를 떠올리려고 애쓴다.

수지는 학교장들을 대상으로 콘퍼런스를 준비하고 있었다. 이 콘퍼런스에서 어느 교육대학교의 학장이 기조연설을 하기로 예정되어 있었다. 수지는 강연장 연단과 의자 배치, 현수막 설치, 출장 뷔페와 시청각 장비 점검까지 꼼꼼히 마쳤다. 이제 학장이 연단에 오르기만 하면 된다.

그 순간, 수지는 가슴이 철렁 내려앉았다. 강연장 안에는 아무도 와 있지 않았다. 그녀는 이 광경을 목격한 뒤에야 자신이 학교장 초청을 잊었다는 사실이 떠올랐다. 수지는 이 엄청난 실수 때문에 내내 괴로웠다. 하지만 그런다고 무슨 소용이 있을까? 그녀에게 당장 학교장들이 나타나도록 마법을 부릴 능력은 없었다.

이와 비슷하게 끔찍한 일을 겪은 친구가 또 있다. 그 친구는 프로젝트 매니저를 잘못 고용하는 바람에 일이 잘되지 않고 있었다. 프로젝트 매니저는 해야 할 일을 하지 않는 실수를 반복하고 거짓말을 숱하게 늘어놓아 일에 지장을 주었다. 결국 그 매니저가 회사 건물에서 끌려나간 뒤에 그의 사물함을 열어 보니, 중요한 프로젝트 문서들이 구겨진 채 쑤셔 박혀 있었다.

　　　　　　　　　일하는 사람을 위한 철학

문제는 어떻게 해야 엄청난 실수를 저지르지 않느냐가 아니라 실수한 뒤 어떻게 회복할 수 있느냐다. 왜 허둥지둥하기만 하다가 극도로 걱정하고 여기에서 다시 부정적인 생각에 빠지는가? 부정적인 생각의 예로 실패하면 사람들이 나를 안 좋게 볼 것이라는 섣부른 예측, 승진 기회를 날리게 되는 상상을 들 수 있다.

이런 식으로 과도하게 치닫는 생각을 멈추려면 일단 생각이 폭주하고 있는 상황을 인식해야 한다. 그러고 난 뒤에는 영원히 바뀌지 않을 정도로 견고한 생각은 없으므로 지금 든 생각은 구름처럼 차츰 흩어져 사라지기도 하고 그 자리에 새로운 생각이 자리 잡기도 한다는 사실을 얼른 깨달아야 한다. 그러면 머리에 오른 열을 식히고 그다음 단계로 나아가 조치할 수 있다.

스토아 철학이 전하는 말

스토아 철학자들은 자기 생각과 감정에 세심하게 주의를 기울였다. 마르쿠스 아우렐리우스가 학교장을 콘퍼런스에 초대하는 것을 깜빡했다면 재빨리 한 걸음 물러나서 당장 떠오른 그 실수에 관한 생각에 몰입하지 않으려 했을 것이다.

그도 황제로 재위하는 동안에 여러 실수를 저질렀다. 그중에는 콘퍼런스에 손님을 초대하는 것을 잊는 일보다 더 끔찍한 실수도 있었다. 누가 봐도 황제직을 수행하기에 적합하지 않은 아들 콤모두스를 공동 황제이자 최종 후계자로 임명한 것이 그에 해당한다. 아무리 현명한 통치자라고 해도 때로는 이렇게 실수하는 법이다.

불안은 과도한 생각에 기름을 붓는다. 불안해지면 현재 처한 현실을 부정하고 회피하면서 바꿀 수 없는 지난 일이나 아직 일어나지 않은 일을 걱정하는 이들이 있다. 마르쿠스 아우렐리우스는 "많은 사람이 분쟁과 의심과 적개심에 스스로 휘말려 하루하루 보냈다는 것을, 그랬던 이들이 이제 죽어서 재가 되었음을 생각해야 한다. 그러니 마음을 가라앉히고 더 이상 자신을 불안하게 만들지 말라"[1]라고 조언했다.

또 그는 스스로 걱정을 더 잘 다스리기 위해 자신의 생각과 인식에도 늘 주의를 기울였다. "한발 물러나 지성의 특권과 권한을 살피는 사람은 감각의 물결이 거칠든 평온하든 영향받지 않는다."[2]

일하는 사람을 위한 철학

《명상록》
제6권 52절

"어떤 일에 대한 의견을 갖지 않을 힘은, 그래서 영혼이 방해받지 않도록 할 힘은 자신 안에 있다."

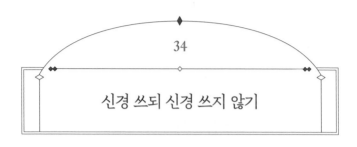

34

신경 쓰되 신경 쓰지 않기

　몇 년 전 술자리에서 높은 직급에 오른 이들에게 그렇게 성공할 수 있었던 비결을 물어보았다. 물론 당시 들은 조언 중에는 '좋은 기업에서 위대한 기업이 되는 혁신의 여정에 동참해야 한다'나 '회사를 자신에게 도움이 되는 곳으로 만들어야 한다' 같은 사내 교육 때나 들을 법한 뜬구름 잡는 이야기도 있었다. 하지만 정말 통찰력 있는, 아주 유용한 조언도 들었다. 그날의 캐치프레이즈, 즉 유용한 조언들의 핵심은 회사에서 일어나는 일에 신경 쓰되 지나치게 신경 쓰지 말라는 것이었다. 이게 정확히 무슨 뜻일까?

한 동료가 이에 관해 자세히 설명해 주었다. "다들 일에 신경 쓰지. 신경 안 쓸 수가 없잖아. 우리의 자아와 정체성과도 밀접하게 관련되어 있으니까. 하지만 사람들 대다수가 너무 신경 써. 강박증에 사로잡힌 듯이 별로 중요하지도 않은 문제를 하나도 놓치지 않으려고 하잖아. 자기가 하는 일에 신경 써야 하는 건 맞지만 어떤 건 놓아버릴 줄도 알아야 해. 너무 많이 신경 써서 좋을 게 없어."

그렇게 신경 쓰되 신경 쓰지 않으려면 신경 쓰이는 회사 일이 머릿속 공간을 너무 많이 차지하지 않도록 하면 된다. 머릿속을 비우고, 사무실에서 일한다면 (인스턴트일지는 모르나 어쨌든) 공짜 커피, (찾아보면 나올지 모르는) 재미있는 동료, (다른 누군가가 이미 슬쩍하지 않았다면 꽤 채워져 있을) 수납장 속 문구류 같은 혜택을 누리자. 집에서 일하고 있다면 출근 준비와 통근 시간으로 에너지를 낭비하지 않을 수 있고 침대에서도 일할 수 있다는 장점을 떠올리자. 뭔가 잘못됐다고 느낄 때는 집착에 가까울 정도로 고민하지 말고 적당히 생각하고 말자.

실제로 아무것도 신경 쓰지 않아서 일을 수월하게 하는, 그래서 운이 좋아 보이는 사람도 있다. 소시오패스가 아니라면 어떤 짜증도 가볍게 떨쳐버릴 수 있는 사람이다. 아마도 이런 사람은 불안을 초래하는 회사 안의 이러저러한 일에 관여하기를 거부하고 있을 것이다. 그렇다면 그렇게 거부하기가 쉽지 않은 우리 같은 사람들은 어떻게 해야 갖가지 일에 덜 신경 쓸 수 있을까?

스토아 철학이 전하는 말

스토아 철학자들은 다른 사람의 생각에 크게 신경 쓰지 않았고 다수의 의견에 맹목적으로 따르기보다 독자적인 생각에 초점을 맞췄다. 마르쿠스 아우렐리우스는 다른 사람에게 아첨하거나 칭찬받으려고 신경을 곤두세우지도 않았다. 그의 글을 보면 그가 신경 써야 할 일을 제한했음을 알 수 있다. 이것저것 신경 쓰지 않는 대신에 자기 생각에 책임을 지고, 통제할 수 있는 일에 집중하고, 다수의 비판을 받아들이고, 정직하게 단순한 삶을 사는 일에 신경 썼다.

또 그는 다른 사람들이 드러내는 단점과 그들이 하는 말에 짜증 내는 것은 소중한 에너지를 낭비하는 일이라고 여겼다. "나는 모두 말로는 자신을 가장 사랑해야 한다고 하면서 왜 자기 의견보다 이웃이 자신에 대해 떠들어대는 말을

일하는 사람을 위한 철학

더 중요하게 생각하는지 궁금한 적이 많았다."[3]

　마르쿠스 아우렐리우스는 더 의미 있는 무언가를 위해 스스로 노력할 수 있는 상황에서 그저 다른 현실을 바라기만 하는 것은 무의미하다고 생각했다. 우주는 현실에서 힘겹게 살아가는 우리와 현실을 바꾸고 싶어 하는 우리 중 누구의 편도 아니다. 실제 현실과 현실 인식이 충돌해 생겨나는 환상은 더 큰 실망을 안겨줄 뿐이다. 마르쿠스 아우렐리우스는 이 일 저 일 신경 쓰기보다 망원경으로 보듯이 문제를 멀리 두고 바라보면 진짜 신경 써야 할 중요한 게 무엇인지 알 수 있다고도 했다.

《명상록》
제11권 16절

"잘 사는 힘은 영혼에 있다. 선하지도 악하지도 않은 것들에 담담한 태도를 취하면 삶을 잘 살아낼 수 있다."

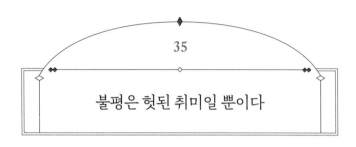

불평은 헛된 취미일 뿐이다

하루는 동료가 쉴 새 없이 일이 밀려든다고 불평했다. 그는 평소에 매사 밝은 면만 보는 극도의 낙천주의자였기 때문에 걱정이 됐다. 내가 물컵에 물이 절반이나 비었다고 생각할 때도 그는 물이 절반이나 차 있다고 생각하는 사람이었으니 말이다.

이 물을 회사 일을 하는 데 필요한 에너지라고 한다면, 절반이 비었다고 말할 수 있는 경우도 거의 없을 것이다. 컵바닥에 물방울이 조금 고여 있는 정도일 때가 많기 때문이다. 잦은 회의, 정해진 자리 없이 여기저기 옮겨 다니며 일해야 하는 시스템, 업무 경계가 무너진 상황을 비롯해 일이 제대로 풀리지 않을 때마다 벌어지는 각종 상황 때문에 나는 낙천주의와 멀어졌고 내 에너지는 자주 바닥났다.

생방송 TV 쇼 프로듀서로 일할 때였다. 그날의 내 임무는 인기 있는 드라마 스타, 할리우드 배우, 파란 곱슬머리 가발을 쓰고 롤러스케이트를 신은 광대 이렇게 세 명의 출연진을 챙기는 것이었다. 총괄 프로듀서가 경고한 바에 따르면 드라마 스타는 긴장하면 술을 마시는 편이었다. 그래서 그가 술에 취하지 않도록 관리하는 게 내 일이 되어 있었다. 동시에 할리우드 배우의 기분도 맞춰야 했다. 광대와 관련해서는 별다른 지시 사항이 없었다.

드라마 스타는 인터뷰를 앞두고 대기실에서 더블 스카치 세 잔을 마셔 취해 있었고 할리우드 배우는 내가 드라마 스타에게만 관심을 가졌다고 심술을 부리고 있었다. 더 큰 문제는 광대가 사라지고 만 것이었다. 여러 대기실을 돌아다니며 샅샅이 뒤졌지만 사라진 광대를 찾지 못했다. 총괄 프로듀서는 내가 쇼를 다 망쳤다면서 화를 냈다. 나는 별일이 없던 날에도 TV 쇼가 그다지 잘 굴러가지 않았기 때문에 말이 좀 심하다고 생각했다. 하지만 그렇게 말하지는 않았고 드라마 스타가 알코올 중독 환자인 것, 할리우드 배우는 신경질적이고 광대는 믿을 수 없는 사람이라는 것은 내가 어떻게 할 수 있는 일이 아니라고 불평했다. 불평하는 김에 다른 일에 관해서도 투덜댔고 이때 벌어진 일을 책임지지 않았다. 이 일이 일어난 시점에 회사를 그만두었기 때문이다.

그때 불평하는 대신 책임져야 했다. 술에 취한 출연자, 신경질적인 출연자, 믿을 수 없는 출연자를 챙기기 위함이니 인력을 보충해 달라고 요청해야 했고 징징대면서 짐을 쌀게 아니라 남아서 그 사건을 배움의 기회로 삼아야 했다. 일이 항상 평탄할 수는 없다. 회사에는 나를 오해하거나 나에게 의구심을 품거나 나와 의견이 다른 사람으로 가득하다. 일이 잘못됐을 때 투덜대지 않고 경로를 벗어난 상황에 잘 대처함으로써 크게 배우고, 성공을 가까이하는 사람으로 성장할 수 있다.

종종 내 앞에 지루한 프로젝트, 짜증 나게 하는 사람들 같은 징징대기 위한 도약판이 놓인다는 게 문제지만 짜증 내며 징징거린다고 해서 상황이 달라지지는 않는다. 그러므로 대책 없는 불평은 무의미하다. 속만 끓여야 한다는 뜻은 아니다. 당장 해결책을 찾기 힘들더라도 마주한 상황과 감정을 이해하는 게 도움이 될 수 있다. 잘 대처하기 위해 불만의 진짜 원인이 무엇인지도 다시 생각해 보면 좋다.

일하는 사람을 위한 철학

스토아 철학이 전하는 말

"옳지 않은 일이라면 하지 말라. 진실이 아니라면 말하지 말라"[4]라고 말한 마르쿠스 아우렐리우스는 불평은 쓸모없으며 헛된 취미라고까지 생각했다. 그는 재위 기간에 수많은 장애물을 만났다. 그의 권위에 도전하는 세력이 늘 있었고 끊임없이 전쟁을 치렀다. 그 때문에 자녀가 여럿 죽었고 아내 파우스티나마저 일찍 세상을 떠났다. 그런 숱한 위기 속에서도 그는 걱정하기만 하면 쓸모 있는 일을 해내지 못한다고 여기며 마음을 다잡았다.

스스로 불평하지 않기만 하면 될까? 스토아 철학자들이 실천한 부정적 시각화를 연습하자. 최악의 상황을 상상함으로써 일이 잘못됐을 때를 대비하는 것이다. 회사에는 불평하는 사람들이 늘 있기 마련이고 우리는 그들을 어떤 일에도 나쁜 말을 하지 않는 좋은 사람들만큼 중요하게 여길 필요가 있다.

마르쿠스 아우렐리우스가 한 말을 기억하면 좋다. "우리 모두 중대한 일을 해내기 위해 협력하고 있다. 잘 알고 이해하여 협력하는 사람이 있는가 하면 알지 못하고 의도치 않게 협력하는 사람도 있다. 이것이 세상이 굴러가는 보편적 원리다. (…) 이들 모두 각자 다른 방식으로 협력에 이바지한다. 뜻밖에도, 불평하고 투덜대며 자연의 순리를 거스르고 일어난 일을 방해하려는 사람도 이 목적에 이바지한다. 세상에는 그런 사람들도 있어야 하기 때문이다."[5] 그런 사람들은 하지 말아야 할 행동이 무엇인지 보여준다.

이제부터는 옆에 앉은 동료가 아침에 쩝쩝 소리를 내며 바나나를 먹고 있어 투덜대고 싶어지면 그보다 최악인 상황을 상상해야겠다. 그가 화장실에 다녀와서 씻지도 않은 손으로 사무실 간식 창고를 뒤져가며 초콜릿을 꺼내는 그런 상상 말이다(5부 〈기본 에티켓을 지키는 프로의 자세〉 참고). 그러면 쩝쩝대는 소리 같은 건 그다지 나쁘지 않게 들릴지도 모르겠다.

《명상록》
제8권 9절

"궁정에서의 삶에 대해 불평하는 말을 그 누구도 들을 수 없게 하라. 그런 말이 너 자신의 귀에도 들리지 않게 하라."

일하는 사람을 위한 철학

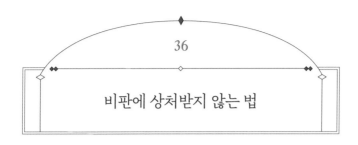

36
비판에 상처받지 않는 법

　빌은 고위직 임원의 자본 관리 시스템 연설문을 작성하는 업무를 맡았다. 연설이 술과 음식을 곁들인 행사에서 이루어질 예정이었으므로 연설문은 사람들의 주의를 끌 수 있도록 가급적 유쾌하고 재미있어야 했다. 빌은 임원에게 문제 될 것 없다고 말했고 정말로 그렇게 생각했다. 그러나 얼마 지나지 않아 후회했다. '망했다! 어떻게 자본 관리 시스템을 가볍고 재미있게 설명하지?'

　나는 "잘 쓸 거야. 다들 좋아할 거라고"라고 말하며 빌을 안심시켰다. 내 바람은 이루어졌을까? 안타깝게도 빌이 작성한 연설문으로 이루어진 연설은 완전히 실패했다. 청중은 무관심과 불쾌함 사이의 반응을 보였다. 심지어 "우리 집 개 해럴드의 연설이 더 재미있겠어"라고 말하는 사람도 있었다. 빌은 의기소침해졌고 좌절했다.

왜 좌절하는가? 대체 누가 자본 관리 시스템을 가볍고 경쾌하게 설명할 수 있단 말인가? 빌은 어려운 업무를 맡았고 최선을 다해서 해냈다. 더 심한 비판을 들을 수도 있었지만 그렇게 되지는 않았다.

일부 회사는 모든 일에 즉각 피드백 받는 '성장 지속 평가'를 도입하려고 한다. 이 평가는 영국 드라마 〈블랙 미러〉 속 하루를 보내며 주고받는 모든 상호작용에 1부터 5까지 점수를 매기는 설정과 비슷하다. 이러한 등급 체계는 사회경제적 지위와 행동에 영향을 미치기 때문에 당연히 모두 등급을 올리려고 앞다투어 경쟁하는 끔찍한 상황을 초래할 수 있다.

일이 잘못된 다음에 피드백을 받을 때는 피드백을 주는 사람에 대해서 먼저 생각해 보아야 한다. '진실하고 통찰력 있는 사람의 피드백인가?' 만일 그런 사람이라면 그의 피드백을 선물처럼 여기면 된다. 반면 '내 자신감을 무너뜨린 다음 내가 휩쓸린 불행의 파도를 유유히 헤엄쳐 건너려고 하는 사람의 피드백인가?' 질문했을 때 그런 사람이라는 생각이 든다면 스스로 마음을 다잡아야 한다.

부정적인 피드백을 받았다고 해서 곧장 좌절할 필요는 없지만 조금도 받아들이지 않으려는 태도도 별 도움이 되지 않는다. 언젠가 상사로부터 의도치 않게 피드백을 받은 적이 있다. 다른 이에게 가야 했던 메일이 실수로 내 메일함에 날아드는 바람에 나는 상사가 나를 '쓸데없이 산만하다'라고 평가한 사실을 알게 되었다. 화가 나서 당장 그만두겠노라 다짐했다가 차분히 생각하니 그의 말이 틀리지 않았다는 것을 깨달았다. 당시 내 가방은 먹다 만 초콜릿 봉지, 뚜껑 없는 립스틱, 혹시 몰라 넣어둔 우비(우산은 당연히 들어 있다), 고양이 간식 한 봉지, 스쿼시 공(나는 스쿼시를 하지 않는다), 미용실 이용권, 장갑(한여름이었다), 립스틱 묻은 마스크로 꽉 차 있었다. 집에 두고 온 지갑을 제외한 모든 것이 있었다고 봐도 된다. 일과 삶을 군인처럼 절도 있게 꾸려가는 사람의 가방은 절대 아니었다.

그렇다. 상사의 피드백이 옳았다. 나는 산만하다. 하지만 쓸데없이 그렇다는 대목은 반박하고 싶다. 다른 사람들도 그렇듯이 정신없이 일하면서 곡예하듯 살다 보면 산만해질 수밖에 없지 않은가.

스토아 철학이 전하는 말

마르쿠스 아우렐리우스는 유용한 정보와 조언에 늘 열려 있었고 상황을 바라보는 더 좋은 방법을 알려주는 사람이라면 누구든 환영했으며 존경하는 사람들처럼 되기 위해 그들의 철학을 탐구했다. 그리고 동의하지 않는 의견에는 이의를 제기했으나 받아들일 필요가 있는 올바른 비판은 곧잘 수용했다.

타당하지 않은 비판을 받았을 때는 어떻게 하면 좋을까? 이 경우 스토아 철학식 반응은 무시하지 않고 잠시 멈춰서 자기 생각을 점검하는 것이다. 비판한 사람은 자신의 비판이 틀릴 수도 있는 의견이 아니라 명백한 사실이라고 생각할 수 있으므로 반응하기 전에 반드시 생각할 시간을 가져야 한다. 절대 성급하게 대응해서는 안 된다. 누군가에게 비판받았다는 생각이 들 때 그 비판이 단지 그들의 의견에 지나지 않는다는 것을, 또 그 의견은 내 통제권을 벗어나 있다는 것도 기억해야 한다.

마르쿠스 아우렐리우스가 자본 관리 시스템을 설명하는 연설문을 썼다가 실패했다면, 부정적인 반응에 기분 나빠하지 않아야 그 반응이 힘을 잃는다는 점을 머릿속에 떠올

일하는 사람을 위한 철학

렸을 것이다.

좌절하는 반응을 보기 위해 비난하는 사람도 있는데, 내가 아무런 반응을 보이지 않으면 그 사람의 공격은 힘을 잃고 만다. 그런 사람이나 나를 잘 모르는 사람, 존경하지 않는 사람의 의견에 속상해하는 것은 나와 별 상관없는 토마토 때문에 기분 나빠하는 것과 같다(물론 실제로 좋아하지 않는 토마토 때문에 기분이 나빠지는 사람도 있겠지만). 하지만 내 견해를 존중하는 사람들에게 피드백을 구하는 일은 언제나 이롭다. 자신을 성찰하면서 근거 없는 비판은 무시하고 건설적인 비판을 수용하는 태도는 진정한 성장으로 향하는 지름길이 되어준다.

《명상록》
제3권 4절

"모든 사람의 의견이 받아들일 가치가 있는 것은 아니다. 자연과 조화를 이루며 살아가고자 하는 사람의 타당한 의견만 받아들여야 한다."

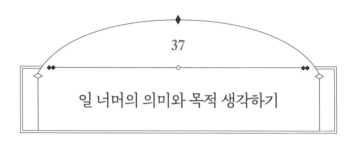

37

일 너머의 의미와 목적 생각하기

어떤 일을 완수하는 데 있어서 목적의식은 큰 도움이 된다. 목적의식이 없으면 방향을 잃고 허우적거리기 쉽다. 개인 차원의 목적의식이든 직업 차원의 목적의식이든 간에 의미 있는 목적의식은 목표를 향해 나아가는 원동력이 된다. 예를 들어 하루에 초콜릿 한 개만 먹겠다고 다짐하거나 일을 더 나은 경험으로 만드는 방법을 글로 써보는 노력은 삶에 도움이 된다.

사람에게만 목적의식이 있어야 하는 것은 아니다. 회사 역시 목적의식을 가질 수 있다. 어떤 회사는 컨설턴트를 고용해 큰돈을 지불하고 사명 선언문을 만들기도 한다. 이렇게 목적을 정함으로써 직원들에게 공동의 목표를 달성하는 데 필요한 강력한 동기를 부여할 수 있다. 아마존은 '고객이 온라인에서 구매하고 싶어 하는 것은 무엇이든 찾을 수 있는, 이 지구에서 가장 고객 중심적인 회사가 되자'라는 어마어마한 비전을 사명 선언문으로 내놓았다.

사명 선언문은 세 가지로 분류할 수 있는데 기업의 실제 목적을 나타낸 것이 있고 '더 나은 세상 만들기'라는 문구가 포함된 것, 그리고 온전히 웃음을 추구한 것이 있다.

다국적 기업 애셔스트Ashurst가 다섯 단어로 쓴 사명 선언문은 이랬다. '우리는 함께 놀라운 일을 해낸다.'[6] 애셔스트는 이 선언문을 만들기 위해 여러 차례 회의를 거듭하며 직원 수천 명에게 회사의 일원이 된다는 것이 어떤 의미인지 물었다. 그런데 문제는 이 선언문이 애셔스트가 실제로 하는 일과는 괴리가 느껴진다는 점이다. 이 선언문을 보고 애셔스트가 수중 발레를 가르치거나 수달을 구조하는 회사라고 생각한 사람도 있겠지만 이곳은 법률 자문 업무를 담당하는 법률사무소다.

훌륭한 사명 선언문은 직원들의 노력을 한데 모으고 회사가 원하는 바를 공고히 다지는 데 유용하다. 선언문이 효과를 발휘하려면 길이가 짧아야 하고 야심이 느껴져야 하며 직원들에게 좋은 자극을 주어야 한다. 문법적으로 오류가 없고 현실과 맞닿아 있다면 더 바람직하다.

10여 년 전, 미국의 포장재 회사 에이버리 데니슨Avery Dennison은 매우 야심 찬 사명 선언문을 발표했다. '모든 브랜드에 영감을 주고 더 똑똑한 세상을 만드는 데 기여한다.' 나는 이 선언문에서 영감을 얻어 이 책의 선언문을 작성했다. '사람과 철학을 하나로 엮어 일터라는 세계를 모두에게 특별한 곳으로 만든다.'

목적의식이 있는 CEO라면 회사의 비전, 목표 실현을 위한 계획, 장기 목표도 가지고 있기 마련이다. 여기에 더해 설립 이념, 업무 절차, 핵심 가치, 전략 같은 개념까지 함께 직원들에게 제시하기 시작하면 오히려 각자의 목표를 정하려는 직원들을 방해할 수 있다. 이런 식으로 과도하게 여러 선언을 만들어 목적을 어떻게 달성할 것인지 알리면, 대개 더 큰 혼란이 생긴다. '혼란스럽다'라는 말은 회사에서 일이 제대로 되지 않았을 때 일어나는 분노를 정중하게 표현하기 위해 사용되지 않는가? 그러니 수백만 달러의 컨설팅 비용을 절약하고 싶다면 '돈 벌기'라고 회사의 진짜 목적을 솔직하고 간결하게 털어놓는 것도 나쁘지 않다.

스토아 철학이 전하는 말

마르쿠스 아우렐리우스는 컨베이어 벨트처럼 돌아가는 업무 너머의 의미와 더 큰 목적을 모색했다. 그는 우리 모두가 각자의 목적을 이루기 위해 태어났고 매일 아침 그 목적을 이루기 위해 잠자리에서 일어나야 한다고 말했다. 또 그 목적을 수행하는 것이 생의 의무라고 생각했다. 하지만 '더 나은 세상 만들기' 같은 문구는 사용하지 않았고, 로마 제국을 미래와 더 가까워지게 한다는 식의 달성할 수 없는 목표도 제시하지 않았다.

목표와 그 목표를 달성하기 위해 완수해야 하는 임무를 명확히 이해하면 실제로 목표를 이룰 가능성이 커진다. 마르쿠스 아우렐리우스는 황제의 임무를 수행하며 더 깊은 목적과 의미를 찾았고 매일 밤 이에 대해 묵상한 것이 훗날 《명상록》이 되었다.

그는 《명상록》에 이렇게 썼다. "이 생에서 일어나는 모든 일을 진심으로, 그리고 체계적으로 점검하고 고찰하여 그 본질을 꿰뚫어 보고 사물이 저마다 어떤 목적을 위해 존재하는지 단번에 파악하는 능력만큼 정신을 위대한 경지로 끌어올릴 수 있는 것은 없다."[7]

《명상록》
제2권 7절

"외부의 일 때문에 머릿속이 산만해지는가? 그럴 시간이 있으면 네게 가치 있는 것을 배워 사방으로 끌려다니지 않도록 하라. 다만 다른 종류의 혼란이 발생하지 않도록 주의해야 한다. 평생 일하는데 아무런 목표도 없이 그저 생각과 충동이 시키는 대로 하거나 나아가야 할 목적의식이 없으면 열심히 일하더라도 시간을 낭비하는 것이다."

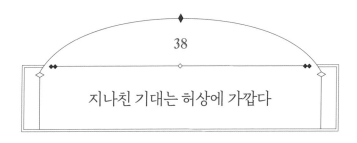

38

지나친 기대는 허상에 가깝다

어린 시절에 커서 뭐가 되고 싶냐는 질문을 받으면 우리는 암 치료법을 개발하는 의사, 올림픽 금메달 3관왕 같은 거창한 목표를 이야기했다. 그러다가 나이가 들고 직업 선택의 폭이 좁아지기 시작하면 IT 관리자, 지역사회 코디네이터처럼 좀 더 무난한 목표를 세운다. 그러다가 자신의 이력을 되돌아보면 다소 실망하게 되면서 문득 궁금해진다. '목표를 더 크게 가져야 했나? 목표치가 너무 낮았나?'

기대치가 낮으면 별로 실망하지 않는다. 아무 문제 없을 것이라고 기대하기보다는 출퇴근길 지하철에서 만난 누군가는 데오드란트를 깜빡했을 것이라고, 사무실에 비어 있는 딱 한 자리가 구매팀 론다의 옆자리일 수도 있다고, 대외협력팀 스티브가 저 멀리에서 나타나 옆으로 지나가면서 내가 작성한 보고서가 쓰레기라고 모든 사람이 들리도록 말할 것이라고 생각하면 낙담하지 않을 수 있다.

그러나 기대치는 상황에 맞게 조정되어야 한다. 언젠가 미국 항공 우주국NASA의 우주선 정기 왕복 프로그램 고위 관계자가 안전에 대해, 그리고 챌린저호와 컬럼비아호 참사를 유발한 사건에 관해 이야기하는 강연을 들은 적이 있다. 우주선 발사 시 안전에 대한 기대치는 하늘을 찌를 정도로 높아야 한다는 이야기였다.

그리고 얼마 전 '커뮤니케이션 가치를 창출하는 방법(1단계: 커뮤니케이션 가치라는 용어 사용하지 않기)'이라는 제목의 PPT 자료로 발표하던 중, 제목 슬라이드에서 다음 장으로 넘어가지 않는 오류가 발생해 엄청나게 허둥지둥한 적이 있었다. 이런 실수는 우주선 왕복 프로그램의 오류에 비할 바도 아니며 일이 계획대로 진행되지 않는다고 해서 성층권을 걱정할 필요도 없다.

먹통이 된 파일 문제를 해결하는 데 실패하자 그 자리에 참석한 사람들이 곤란하다는 듯이 나를 쳐다보기는 했지만

일하는 사람을 위한 철학

이 일은 그 순간이 지나면 잊히는 일시적인 문제였고 결과적으로 아무에게도 영향을 미치지 않았다. 내가 언젠가는 이런 문제가 생길 것이라고 예상(기대)했다면 실제로 일이 벌어졌을 때 그다지 놀라지도 않았을 것이다.

한편 과도한 기대는 우리를 좋지 않은 방향으로 이끈다. 그런 기대 때문에 오히려 실패 가능성이 커지고, 자신을 탓하거나 타인에게 비판받을 여지가 생긴다. 직장에서 일을 완벽하게 해내야 한다고 생각하겠지만 그건 불가능하다. 이런 마음은 위험을 감수하려는 의욕을 꺾기도 한다. 포부가 너무 크면 꼭 그럴 필요가 없는 상황에서도 지나치게 통제력을 발휘하게 되며 융통성을 잃고 달라진 상황을 허용하지 않게 된다.

시인 월트 휘트먼은 뇌졸중으로 쓰러졌을 때, 욕구와 취향의 수준을 한껏 낮추고 따스한 햇빛과 맑은 하늘 같은 것에서도 기쁨을 느끼자고 스스로 다짐했다. 그는 자신의 기대치를 달라진 현실에 맞게 수정하고 이 새로운 한계 안에서 기쁨을 찾았다.

그래서 나는 고객과 소통하는 채널에 발표 자료를 올리도록 협력사를 독려하면 어떻겠느냐고 물어보러 스티브의 자리로 갈 때 기대치를 낮추어서 그가 경청하지 않을 수도 있다고 생각하면서 갔다. 그는 정말 바쁘다고 말하더니 휴대폰 타이머로 2분을 설정했고, 곧 타이머의 알람이 울리자 내게 더 할 말이 있느냐고 두 번이나 물었다. 그래서 나는 이렇게 말했다. "오늘 아침에 당신의 앞니 사이에 시금치가 끼었다고 말한다는 걸 깜빡했더니 하루 종일 그대로 있군요. 이제 말해서 미안해요."

스토아 철학이 전하는 말

자신이 통제할 수 없는 문제에 대한 기대가 충족되지 않으면 우리는 쉽게 상처받고 약해지며 실망하게 된다. 스토아 철학의 실천 사항인 부정적 시각화, 즉 최악의 시나리오를 미리 생각해 보는 것은 도달할 수 없는 환상을 꿈꾸는 것보다 더 나은 대안이다. 이 기법은 곤란한 상황이 발생했을 때 이를 헤쳐나가고 최악의 상황을 대비하는 데 도움이 된다. 실제로 스토아 철학자들은 앞으로 펼쳐질 상황에 대한 환상을 품는 대신, 회복력과 수완이라는 마르지 않는 원천을 활용해 현실에서 무슨 일이 일어나든지 이를 정면으로 마주했다.

일하는 사람을 위한 철학

마르쿠스 아우렐리우스는 이렇게 말했다. "보편적 자연이 그를 거스르는 사고事故를 모두 제압하고 운명의 법칙에 따라 자연의 일부로 만들듯이, 인간의 힘은 모든 방해물에서 무언가를 만들어 내서 그것을 자기 이익으로 바꿀 수 있다."[8]

우리는 합리적 선택을 방해하는 지나친 기대를 제한하고 통제할 수 없는 외부 힘에 권한을 주지 않는 습관을 길러야 한다. 허상에 지나지 않는 일에 융통성 없는 기대감을 품으면 그 기대가 현실로 이어지지 않을 때 크게 실망하기만 할 뿐이다.

마르쿠스 아우렐리우스는 이런 말을 남기기도 했다. "겨울에 나무에서 무화과를 따리라 기대하는 사람은 미치광이고, 죽어 묻힌 자식을 다시 부르는 사람도 이보다 나을 바 없다."[9]

스토아 철학에서는 인격이 침해당하거나 자신이 정한 기준을 스스로 무너뜨릴 때만 해를 입는다고 보았다. 프레젠테이션을 망치거나 실직하거나 동료와 사이가 틀어지는 것이 바람직한 상황은 아니지만, 이런 상황에서도 우리 인격은 해를 입지 않고 여전히 대응 방식을 통제할 수 있으며 기대치를 낮춰 실망감을 현명하게 관리할 수도 있다.

《명상록》
제7권 58절

"네게 닥친 곤경들이나 그런 곤경들에 빠지게 만든 자들과 관련한 모든 것에 아무 상관하지 말고, 오직 그 곤경들을 어떻게 선용할 수 있을지를 생각하는 데 집중하라. 상황과 행동 중에서 행동이 중요하고 상황은 아무 상관이 없기 때문에, 상황을 활용해서 행동의 목표를 이루는 것이 중요하다."

일하는 사람을 위한 철학

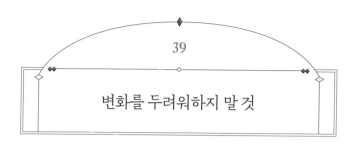

39

변화를 두려워하지 말 것

변화를 좋아하는 사람은 많지 않다. 나는 마즈 사의 초콜릿 바 펀 사이즈fun-sized가 하나도 재미fun 없이, 조금 과장을 보태 현미경으로 들여다봐야 보이는 크기로 바뀐 것에 아직도 기분이 좋지 않다. 이보다 더 나쁜 건 회사 근처 커피숍에서 카푸치노를 시키면 주던 작은 비스킷을 코로나19 팬데믹을 핑계 삼은 이후 지금까지도 주지 않고 있다는 것이다.

일은 변화의 연속이다. 새로운 일터부터 새롭게 맡은 업무, 처음 보는 사람들까지 우리는 끊임없이 변화를 경험한다. 재미있고 센스 있으면서 나를 잘 돕기까지 하는 동료와 일하다가 차를 한 모금 마실 때마다 "아!" 하고 소리 내는, 짜증 나는 습관이 있는 셸리와 일하게 되는 것처럼 말이다.

회사 안에는 변화에 전념하는 이들도 존재한다. 수많은 컨설턴트가 조직을 효율적으로 재구성하기 위해 수백만 달러를 쓴다. 이들은 '산출물'과 '심층 분석' 같은 어려운 용어가 가득한 보고서를 작성하기도 한다.

회사는 어딘가에 인수되지 않더라도 주기적으로 구조 조정을 감행하는데, 급성장 중인 '변화 대응' 트렌드를 따르기 위한 행동이 아닌가 하는 의문을 갖지 않을 수 없다. 보험 업계에서 몇 년 일했던 예전 동료는 회사가 1년 단위로 구조 조정을 발표해서 힘들었다고 했다. 그녀는 "실제로 무슨 일이 돌아가고 있는지 업무를 파악할 때쯤이면 구조 조정을 시행하고 이를 반복해서 결국 어떻게 업무를 처리해야 할지 알 수 없게 돼"라고 말했다.

대개 변화는 아주 서서히 스며들어서 애써 돌이켜 보아야 비로소 상황이 달라졌음을 깨닫지만 어떤 경우에는, 예컨대 직원 여럿이 정리 해고를 당하는 경우에는 변화가 분명히 드러나기도 한다. 회사가 직원을 자르는 방법을 설명하는 기사를 읽을 때면 내가 해고당하는 것보다 더 끔찍한

일하는 사람을 위한 철학

기분이 든다. 영국 《파이낸셜 타임스》의 전 칼럼니스트 루시 켈러웨이는 투자 관리 회사의 해고 행태를 '헬스장에 가서… 세포 재생을 유도함으로써 수익성 있는 성장에 적합하게 만드는 것'이라고 비유적으로 묘사했다.[10] 정리 해고를 "특정 역할을 축소한다"라고 말하는 회사, "퇴사자들과의 네트워크를 강화할 수 있기를 기대한다"라고 다소 뻔뻔하게 돌려 말하는 회사도 있다.

변화를 피할 수는 없다. 변화를 현상 유지보다 더 그럴듯해 보이게 포장하는 말하기 방식도 마찬가지다. 그러나 스토아 철학자들에게서 배웠듯이 개인의 힘으로 바꿀 수 없는 변화라면 지나치게 걱정할 필요 없다.

스토아 철학이 전하는 말

마르쿠스 아우렐리우스도 변화를 피할 수는 없다고 보았다. 실제로 그는 우주가 변화하고 있기 때문에 모든 것이 순식간에 변할 것이며, 지금 우리가 알고 있는 것이 미래에는 더 이상 존재하지 않을 것이라고 말했다.

우리가 두려워하거나 원하는 일은 언제든 일어날 수 있

다. 하지만 이토록 변덕스러운 삶일수록 정신mind이 안정된 힘을 줄 수 있다. 마르쿠스 아우렐리우스는 이렇게 말했다. "이로운 일이 일어났는가? 그것은 운명이 주는 포상금이다. 모든 일은 우주의 명분에 따라 예정되었고 태초부터 운명에 짜여 있다. 요컨대 삶은 짧다. 그러므로 정의롭고 신중하라. 그리고 삶을 최대한 활용하라."[11]

스토아 철학은 이런 관점을 얻을 수 있는 실천법 여러 개를 제시했다. 생명의 유한함을 성찰하는 데 도움이 되는 메멘토 모리(1부 〈잘 그만두는 기술〉 참고), 좌절에 대비하는 데 도움이 되는 프라에메디타티오 말로룸(2부 〈뜻밖의 궤도 이탈에 대비하기〉 참고), 자신에게 일어난 일, 즉 운명 지어진 것을 사랑하라는 아모르 파티amor fati가 대표적이다.

마르쿠스 아우렐리우스는 이런 말도 남겼다. "멈추지 않는 시간의 흐름이 무한히 지속되는 세월을 늘 새롭게 하듯이 움직임과 변화는 세상을 끊임없이 새롭게 한다. 만물에 마음을 주는 것은 순식간에 날아가 버려서 시야에 이미 없는 참새에게 마음을 주는 것과 같다. 사실 우리의 생명은 피에서 뿜어 나오는 증기이자 공기로 흡입하는 호흡일 뿐이다. 우리가 매 순간 공기를 들이마셨다가 다시 내뱉는 것과 태어나서 처음 숨을 들이마셨을 때부터 마지막으로 내뱉어

일하는 사람을 위한 철학

호흡하는 능력을 그 능력이 온 곳으로 되돌려주는 것은 다르지 않다."[12]

직장 내 구조 조정이 새벽 3시에 귓가에서 윙윙대는 모기만큼이나 주의를 끌지라도 그 상황을 바꿀 힘이 내게 없다는 것을 인정해야 한다. 내 힘으로는 그 상황에 대한 나의 반응을 통제할 수 있을 뿐이다. 마르쿠스 아우렐리우스라면 변화가 일어나고 있다는 사실과 자신이 그 변화에 저항했다는 사실을 인정할 것이다. 이렇게 인정하는 것에서 위안이 시작된다.

우리 뇌는 본능적으로 변화에 저항한다. 하지만 앞으로 나아가려면 변화와 불편함이라는 마찰도 필요하다. 변화를 통해 우리는 자동 조종 모드에서 벗어나 발전이라는 엔진에 시동을 걸 수 있다. 상황의 변화와 그로 인해 요동치는 감정을 다스리는 것은 변화에 대처하는 핵심 능력이며 이 능력은 좌절을 성공으로 바꾼다.

《명상록》
제4권 2절

"세상은 변화를 통해 지속된다. (…) 한쪽에서 잃으면 다른 쪽에서 얻는다."

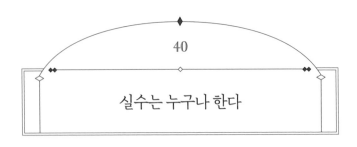

40

실수는 누구나 한다

    회사의 고위직 중역과 CEO와의 회의가 예정되어 있던 날, 나는 회의가 시작되기 전에 두 사람에게 이메일을 보내 몸이 아파서 출근하지 못했고 대면하는 회의에는 참석할 수 없다고 알렸다. 그래서 회의는 전화로 이루어졌다. 회사에서 일을 시작한 뒤로 CEO가 참석하는 회의에 참여하는 것은 처음이었기 때문에 좋은 인상을 주고 싶은 마음이 간절했다. 다행히 회의는 순조롭게 진행되었다. 전화를 끊은 뒤 나는 복잡한 문제를 잘 논의했고 회의도 잘 끝냈다는 생각에 흐뭇해했다.

다음 날, 사무실에 들어가니 어제 함께 회의한 고위직 중역이 다가와서는 내 책상에 몸을 기댄 채 말했다. "어제 보낸 이메일에 '놈이 안 좋아서 출근 못 했다'라고 쓴 거 알아요?" 정말 굴욕적이었다. 이 사실을 알게 된 다른 사람들은 그 후로 내가 몸이 안 좋다고 하면 아직도 놈이 안 좋냐고 물으며 키득거렸다.

나만 이런 실수를 저지르진 않는다. 한 부동산 회사의 그래픽 디자이너는 최신 주택 매물을 소개하는 책자를 디자인했다. 그는 한 공인중개사를 소개하는 공간에 '지난달에만 부동산 매물 10건 중 9건을 중개했다'라는 문구를 넣어 공인중개사의 유능함을 널리 알리려 했다. 하지만 '부동산 매물 10건 중 0건을 중개했다'라고 쓰는 바람에 키보드에 숫자 9와 0이 나란히 있다는 사실에는 관심조차 없는 공인중개사를 몹시 화나게 만들고 말았다.

오스트레일리아에서 홍콩으로 넘어가 신문사 기자로 일한 친구는 1면 머리기사 쓰는 일을 맡았을 때 실수하고 말았다. 그는 '시장 상승세를 타고 돌아온 홍콩'을 썼다고 생각했다. 하지만 발행된 신문 헤드라인에는 '시장 상승세를 타고 돌아온 홍통'이 쓰여 있었다. 얼마 지나지 않아 그는 오스트레일리아로 돌아갔다.

스토아 철학이 전하는 말

스토아 철학자라면 '몸'을 실수로 '놈'으로 썼더라도 훌훌 털고 넘어갔을 것이다. 우리가 한 일이나 다른 사람의 행동에 반응하는 주체는 언제나 자기 자신임을 잊지 말아야 한다. 키보드 입력 실수로 생긴 오타는 곧 시간이라는 심연 속으로 금세 사라진다. 민망한 기억으로는 오래 남겠지만 말이다.

마르쿠스 아우렐리우스는 실수를 목격하는 우리에게 접근해 이렇게 말한다. "실수를 저지르는 사람들도 사랑하는 것이 인간 본성의 특권이다. 그런 사람들도 너의 동족이고, 무지해서 본의 아니게 실수를 저지른 것이며 그들이나 너나 결국 다 죽게 될 것이라고 생각하면, 그들을 사랑할 수 있게 될 것이다."[13]

일터에서 마주하는 지치는 일, 지루한 일, 불만족스러운 일은 잘 티가 나지 않는다. 그러나 이메일 실수로 생기는 문제는 뚜렷하게 드러난다. 그러니 통통한 손가락이 키보드 위에서 어떤 사고를 칠지 모른다는 경각심 정도는 필요하겠다. 실수에 너그러워지되 너무 방심하지는 말자.

《명상록》
제12권 26절

"어떤 일 때문에 골치 아프거나 화난다면 모든 일은 자연의 본성에 따라 일어난다는 사실을 잊고 있는 것이다."

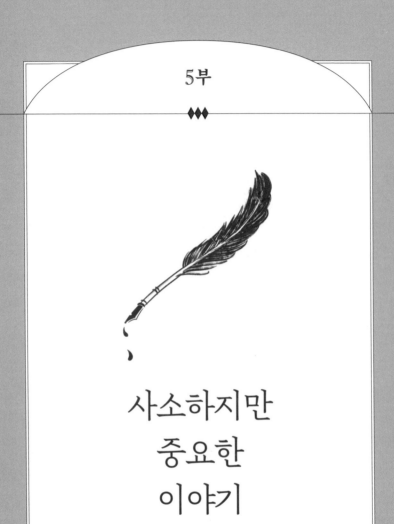

5부

사소하지만
중요한
이야기

Stoic at Work

Stoic
at
Work

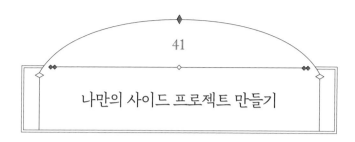

41

나만의 사이드 프로젝트 만들기

우리가 깨어 있는 시간 중 일하는 시간이 꽤 큰 비중을 차지하지만 일은 삶의 전부가 아니며 일을 삶의 전부로 만들어서도 안 된다. 대부분의 일이 그 의미를 찾는 데도 시간이 걸리는데 일할 시간도 부족하니 일의 의미를 찾을 시간은 쉽게 주어지지 않는다.

오스트레일리아 뉴스 진행자이자 기자인 후아니타 필립스는 상근직 업무와 육아를 병행하느라 바빴던 2010년에 책도 한 권 썼다. 그녀가 쓴 《내 생명을 구한 압력솥A Pressure Cooker Saved My Life》이라는 제목의 책 뒷면에는 '신생아+유아

+상근직 업무=완전 멘붕'이라는 문구가 적혀 있었다. 필립
스는 이 세 가지를 모두 가질 수는 있지만 동시에 해내는 것
은 불가능하다고 결론 내렸다.

그런 그녀가 사용한 비밀 병기는 압력솥을 이용한 시간
짜내기라는 개념이었다. 이를테면 압력솥이 식사를 완성하
기를 기다리는 시간처럼 일과 일 사이에 잠시 생기는 자투
리 시간에 책 원고 쓰기 같은 꼭 해야 할 일을 처리하는 방
법이었다. 이 방법 덕분에 필립스는 책 쓰기라는 사이드 프
로젝트를 해낼 수 있었다.

이런 사이드 프로젝트는 에너지를 회복하고 직장인이 아
닌 또 다른 정체성을 찾는 귀한 시간을 선물한다. 아일랜드
춤 배우기, 우주와 관련된 시 쓰기, 플루트 연주, 새 관찰, 공
포 영화에 나오는 인형 수집, 금속 탐지, 마크라메, 책 쓰기
등 무엇이든 좋으니 '나'라는 배를 띄워 할 수 있는 활동을 찾
아 꾸준히 흘러가 보자. 멍하니 앉아 휴대폰 보기, 소금이 잔
뜩 뿌려진 감자칩 먹기, 텔레비전 프로그램 몰아 보기 같은
것들은 (중독성 있고) 재미있는 취미지만 사이드 프로젝트로
는 간주하지 않아야 한다. 이런 행위들은 우리가 일하는 동
안 간간이 끼어들어 일시적으로 도파민을 제공할 뿐이다.

예전 동료는 책을 쓰고 싶다는 마음을 품은 지 오래됐지

만 영혼이 털리는 고된 업무에만 내내 시달렸다는 생각에 좌절했다. 그는 음산하고 미스터리한 이야기를 쓸 것이라고 말했다. 주인공은 절망에 짓눌려 자포자기한 채 바람 부는 황량한 해변을 쓸쓸히 헤맬 것이라고, 독자가 눈을 떼지 못하는 책이 탄생할 것이라고 주장했다…. 아직도 시작하지는 못한 듯했다. 책을 쓴다는 것은 물속으로 미끄러지는 듯한 수영보다는 어떤 위험이 닥쳐올지 전혀 모른 채 캄캄한 밤에 불빛 하나 없이 늪을 헤쳐나가는 일과 비슷하기에 이해는 된다.

정신없이 빠져들어 시간을 너무 많이 쓰면 오히려 효율이 떨어진다. 이때 비결은 의미가 있는 사이드 프로젝트도 마감 기한을 정하고 스스로 인센티브를 주는 등 회사 일을 할 때처럼 하는 것이다. 또 집중과 공상을 자유자재로 오가는 능력이 중요한데, 계속 바쁘기만 하면 그 능력이 떨어지기 때문이다. 일상에 의도적으로 휴식을 주입하면 창의적으로 생각할 시간이 생긴다.

그렇게 의도적으로 쉬는 동안 수많은 중요한 것들이 발견되었다. 니콜라 테슬라는 부다페스트에서 산책하는 동안 회전하는 자기장에 대한 통찰을 얻었고 알베르트 아인슈타인은 쉬면서 모차르트의 음악을 즐겨 들으며 발명 아이디

어를 떠올렸다.[1]

살바도르 달리는 갓 잠들어 현실과 환상이 뒤섞일 때 창의력이 향상된다고 믿었다. 그는 이 기법을 활용하려고 숟가락, 공 같은 물건을 든 채 의자에서 잠들었다. 그러다가 잠에 빠지면 들고 있던 물건이 떨어져 소리가 나는 바람에 깼다. 이렇게 무의식에 빠지기 직전 상태로 몇 분을 보내면서 일을 시작할 준비를 했다.

스토아 철학이 전하는 말

마르쿠스 아우렐리우스가 속해 있던 살리이 사제단은 전투에 필요한 운동 능력을 기르는 데 집중했다. 마르쿠스 아우렐리우스는 "삶의 기술은 무용보다 레슬링과 비슷하다. 갑작스럽고 예상치 못한 일을 만날 준비와 기량을 갖추어야 한다는 점에서 그렇다"[2]라고 말했다. 그는 사냥, 구기 종목 운동, 레슬링을 했다고 알려져 있으며 가장 오래 즐긴 취미는 당연히 철학이었다. 그 덕분에 공직에 적합한 자질을 갖출 수 있었다.

마르쿠스 아우렐리우스도 황제직을 수행하면서 늘 시간

에 쫓겼다. 하지만 하루가 끝나갈 무렵에는 많은 할 일 목록에 매달리는 대신 일과 취미 등 자신이 해낸 것들에 관한 생각을 정리했다.

사이드 프로젝트를 꾸준히 해내면 삶의 주체로서 살아가고 있다고 느낄 수 있다. 내가 불타는 차에 있어도 구해주지 않을, 맥주 한 잔조차 같이 마실 수 없는 사람들과 함께 일하는 단조로움에 패배감을 느끼는 대신 내가 이뤄나갈 수 있는 것들에 정신을 집중하게 되는 것이다.

세네카의 희곡 〈메데이아Medea〉는 윤리적 목적 차원에서 스토아 철학의 가치를 가르치는 창작물이다. 이렇게 추상적인 미술이나 음악 등 직접적으로 무언가를 가르치려 하지 않는 창작물이 오히려 정신을 건전하게 하고 인격을 성장시키는 데 기여하기도 한다.

물론 창작물로 정신을 어지럽히는 것 또한 가능하다. 스토아 철학자라면 유명인에 관한 기사나 초콜릿을 미덕이 아닌 악덕으로 분류할 가능성이 크다. 그런데 약간의 악덕이 그렇게까지 나쁠까? 깊은 생각을 하다가도 뇌가 잠시 쉴 수 있게 하면 창의의 불꽃이 타오를지도 모를 일인데⋯ 사실 이건 연예인 가십 기사를 읽고 초콜릿을 욱여넣는 나를 정당화하려는 말이다.

《명상록》
제5권 1절

"얼마간의 휴식이 필요하다는 점을 부정하지는 않는다. 자연은
먹고 마시는 것에 한계를 정해 놓았듯이 휴식에도 한계를 정해
놓았다. 자신의 일이나 기술을 사랑하는 사람은 먹는 것과 자는
것을 그만두고서라도 그 기술을 발휘하는 데 전력을 다한다."

일하는 사람을 위한 철학

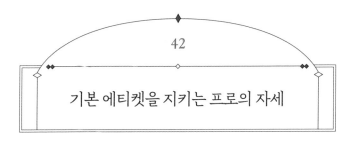

기본 에티켓을 지키는 프로의 자세

화장실에 간 동료가 당황한 얼굴로 돌아와서는 화장실에서 프레첼 씹는 소리를 들었다고 말했다. 화장실 칸막이에 틀어박혀 있던 누군가가 볼일을 보는 동안 프레첼 한 개를 몇 번에 나누어 다람쥐처럼 갉아먹었으며 그러다가 휴대폰이 울리자 전화도 받았다고 했다. 끔찍한 멀티태스킹의 끝판왕이었다.

얼마 지나지 않아 동료가 손을 씻고 있을 때 물 내리는 소리가 나더니 그 칸막이에서 동료의 선배가 빈 프레첼 봉지를 들고 나왔다. 그는 고개를 끄덕여 인사하고는 쓰레기통에 그 봉지를 버리고 손도 씻지 않은 채 나가버렸다. 그가 어떻게 기본적인 위생 수칙을 지키지 않았는지가 사무실에 빠르게 퍼져나갔다.

다음 날, 누가 엠앤엠즈 초콜릿을 가져와서 다 같이 먹자면서 공용 그릇에 부었다. 어제의 그 프레첼 주인이 지나가다가 한 줌 집어들었고 그 즉시 사무실에 있던 모든 직원이 엠앤엠즈 초콜릿에는 가까이 가지도 말라는 경고 메시지를 받았다. 이 이야기는 책상에서 일하든 고객을 만나든 회의 중이든 화장실에서든 일터에서 마주하는 모든 일을 프로답고 의연하게 처리해야 한다는 사실을 일깨워 준다.

특히 화장실 에티켓은 특별히 배우지 않았기 때문에 가끔 어려움이 따른다. 화장실 칸막이에서 나왔을 때 누구를 마주치게 될지는 알 수 없다. 동료일 수도 있고 모르는 사람이거나 상사일 수도 있다. 바로 그때 어떤 식으로 인사할 것인가? 고개를 까딱할 것인가, 말을 건넬 것인가, 아니면 눈인사만 할 것인가? 또 동료와 거의 동시에 화장실에 들어갔을 때는 칸막이에 각자 들어가서 일 얘기를 할 것인가, 아니면 세면대에서 다시 만날 때까지 기다릴 것인가? 또 고민해야 할 것이 있다. 혹시 동료가 큰일을 보고 있다면 서둘러 나가야 할까? (화장실에 들어오는 사람이 지금 나는 냄새가 나

　　　　　　　　일하는 사람을 위한 철학

때문이라고 오해할까 봐 고민하는 것은 아니다.) 아니면 그 동료가 화장실에서 나갈 때까지 칸막이 안에서 조용히 기다려야 할까?

누구든 간에 화장실에서 하면 안 될 일을 하고 있는데 동료들이 들이닥치면, 능력이 아무리 뛰어나고 카리스마가 대단하다고 한들 소용이 없을 것이다. 평판이 얼룩질 테니 말이다.

스토아 철학이 전하는 말

마르쿠스 아우렐리우스의 조언 중 그나마 화장실과 관련 있는 것이라면 매우 부유하고 가진 물건이 하도 많아서 빈 공간이 없이 사는 부유한 사람에 관한 시인 메난드로스의 이야기를 듣고서 한 말이 있다. "지나친 사치 때문에 똥 눌 자리조차 없다면 가진 것들이 뭐가 중요하고 훌륭하단 말인가?"[3]

콤모두스는 단순하고 비겁하기로 유명했고, 그의 통치 기간 중 로마 제국의 황금기가 막을 내렸다. 콤모두스는 욕실에서 나르키소스에게 암살당했는데, 나르키소스는 목욕하던 콤모두스의 목을 졸랐다. 콤모두스는 평소와 다른 시간에 목욕하지 말라는 아버지 마르쿠스 아우렐리우스의 조언에 귀 기울여야 했다. 마르쿠스 아우렐리우스는 즐거움을 위해 목욕한 적이 없었다. 그에게 목욕은 청결을 유지하기 위한 일과일 뿐이었다.

마르쿠스 아우렐리우스는 삶을 똥과 진흙을 말끔하게 씻어내는 맑은 샘물로 바라보라고 조언했다. "샘물에 흙이나 진흙을 던져봤자 금세 흩어져서 물이 오염되지 않는다. 그러니 샘물이 고여 웅덩이가 되지 않고 항상 샘솟게 하려면 어떤 식으로 일해야 하겠는가?"[4]

그는 자기 내면의 샘물로 부정적인 요소를 씻어내고 도덕적으로 발전해 나가는 데 집중해야 한다고 충고했다. 그리고 원래 만들어진 대로 자연과 조화롭게 사는 것이 최고의 덕목이라고 보았다. "철학은 자연이 원하고 요구하는 것으로만 너를 이끌 것이다."[5]

다음에 화장실에 갈 때는 변기에 앉아 있는 동안 프레첼을 먹는 행동은 전혀 자연스럽지 않고 프로답지도 않다는 사실을 기억하기 바란다. 또 지금 같은 전 지구적 세균의 시대에는, 동료들이 옆에 있고 엠앤엠즈 그릇이 유혹할 때는 반드시 손을 씻는 행동이 자연스럽다.

《명상록》
제8권 24절

"목욕하면서 마주하게 되는 것을 말해보자면? 기름과 땀과 때, 그리고 비누 거품과 물이다. 이 모든 것이 섞여 있는 모습을 너는 역겨워하지만 정말이지 인생과 인생에 담긴 모든 것이 이토록 썩 좋지 않은 것들로 이루어져 있다."

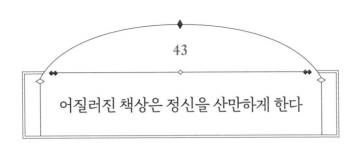

43

어질러진 책상은 정신을 산만하게 한다

책상 위에 놓인 물건들을 살펴보면 그 물건들의 주인에 관해서, 또 주인이 일을 대하는 방식에 관해서도 알 수 있다. 미니멀리즘을 추구하며 책상에 키보드, 마우스, 모니터만 올려두고 무균 상태의 황무지를 유지하는 사람인가? 아니면 형광색 포스트잇 무더기, 오래전에 인쇄한 보고서, 스타워즈 레고 피규어, 손을 흔드는 행운의 고양이, 스테이플러 몇 개, 사용하지 않는 바인더 무더기를 헤집고 키보드를 찾느라 시간을 낭비하는 사람인가?

예전에 나는 회사 책상을 에펠 탑 모형, 이탈리아의 모터

자전거 피규어, 51구역(미국 국방부 산하 1급 군사기지로, 외계인이나 UFO에 관한 연구를 주로 한다고 알려져 있다―옮긴이) 외계인에 관한 자료, 수집한 스노볼으로 장식해 놓은 적이 있다. 하지만 지정 좌석제가 아니었다 보니 매일 저녁 사물함에 이 물건들을 정리해 넣고, 다음 날 아침에 책상에 다시 올려놓아야 했으므로 쉽게 정신이 산만해졌다.

깨끗한 책상 만들기 정책을 시행하는 회사도 있다. 어떻게 보면 물건을 쌓아두지 못하게 해서 일터가 10대 청소년의 침실처럼 보이지 않도록 만드는 현명한 조치다. 하지만 또 어떻게 보면 각자의 개성 표현을 막고 직장에서 자신을 적당히 드러지 못하게 하는 갑갑한 정책이기도 하다.

책상이 엉망진창이면 그 자리에 앉은 사람도 엉망진창이라고 주장하는 이들도 있다. 어디에 있는지 모르는 물건을 부질없이 찾아 헤매면 명확한 사고, 의사결정, 심지어 직장 내 인간관계에까지 지장이 생긴다는 것이다.[6] 이들은 어질러진 책상을 보며 무질서함을 계속 상기하는 것은 인지 능력의 낭비며 책상을 깔끔하게 정리하면 생산성이 더 높아진다고 말한다. 심지어 책상이 어수선하면 식습관이 나빠지고 스트레스를 더 많이 받게 될 수도 있다고 주장한다. 빈 커피잔, 오래된 보고서, 파기해야 하는 서류가 쌓여 있으면

성실하지 않은 사람으로 보일 수도 있다. 그러니 책상을 매일 정리하고 주기적으로 청소하면 좋다. 열심히 일한다는 인상을 줄 수 있을 것이다.

지저분한 책상이 창의력을 자극한다며 반대의 주장을 펼치는 사람도 있다. 깨끗한 환경이 그저 순응과 현상 유지를 장려하고 창의적인 생각을 하지 못하게 한다는 것이다. 세상 모든 일이 그렇듯이 그 중간 지점이 해답일 것이다. 따라서 가지고 있는 스노볼 스무 개를 모두 전시하는 대신 딱 두 개만 골라서 책상 위에 두는 게 낫겠다.

스토아 철학이 전하는 말

스토아 철학자들은 어질러진 환경이 정신을 산만하게 한다고 보았다. 마르쿠스 아우렐리우스는 단순한 삶의 미덕을 찬양했으며 세네카도 같은 생각이었다. 세네카는 이렇게 말했다. "순금으로 도금하고 돋을새김으로 장식한 은쟁반은 필요 없다. 그렇다고 은과 금이 없는 것이 소박한 삶의 증거라고 믿어서도 안 된다."[7]

세네카가 스노볼을 올려두는 것에는 어떤 입장을 취할지

일하는 사람을 위한 철학

알 수 없으나 그가 표방한 단순함은 물건뿐만 아니라 마음의 평화를 찾고자 하는 우리의 정신에도 적용된다. 우리를 육체적·정신적으로 어지럽히는 안개를 걷어내면 자신에게 중요한 일을 가장 잘 해낼 방법에 더 쉽게 집중할 수 있다. 마르쿠스 아우렐리우스는 일기 쓰기가 근심으로 가득한 머릿속을 비우고 고민을 해결하는 데 도움을 주는, 진정 효과가 있는 활동임을 알았던 것 같다.

스토아 철학은 물건을 쌓아두려는 욕망을 줄여야 한다고 강조한다. 무엇이든 더 많이 가지려는 욕망을 의식적으로 피해야 한다는 것이다. 머릿속과 주변 환경이 어수선하면 욕망의 노예로 전락한다. 그렇게 되면 아무리 많이 손에 넣어도 언제나 더 많은 것을 원하게 된다.

에픽테토스는 "부는 많이 소유하는 것이 아니라 적게 원하는 데 있다"[8], "이미 가진 것을 잘 활용하는 것이 능력이며 너무 많은 것에 마음을 두지 않으면 꼭 필요한 것을 얻게 될 것이다"라고 주장하기도 했다.

그러므로 스토아 철학자들은 깨끗한 책상 만들기 정책에 찬성할 것으로 보인다…. 그러나 동시에 창의적 사고도 장려하기에 스노볼 몇 개를 갖다 놓는다고 해서 스토아 철학 테스트를 통과하지 못할 것 같지는 않다.

《명상록》
제9권 32절

"걱정은 대부분 자신의 공상 속에 있으므로 스스로 원한다면 걱정에서 자유로워질 수 있다."

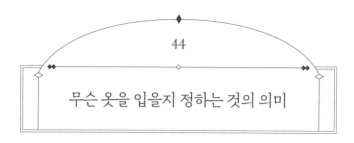

44

무슨 옷을 입을지 정하는 것의 의미

아침에 잠에서 깼을 때 오늘이 금요일이라는 사실을 알게 되는 것만큼 기분 좋은 일도 없다. '자유 복장의 날'이라는 사실을 떠올리기 전까지는 그렇다. 아무거나 원하는 옷을 입을 자유는 '그래도 사무실에서는 단정해 보여야 한다'는 압박감 때문에 오히려 약간의 두려움을 유발한다. 나는 캐주얼하면서도 너무 캐주얼하지는 않은, 세련돼 보이지만 너무 세련되지는 않은, 유행에 뒤처지지 않으면서도 너무 유행을 좇지 않는 그런 옷을 찾으려고 옷장을 샅샅이 뒤졌다. 하지만 결국 찾아낸 것이라고는 커다란 분홍색 입술이

선명하게 그려진 티셔츠와 주황색 코듀로이 치마바지뿐이
었다.

그렇다고 해서 구매팀 론다를 따라 밝은 연두색 레깅스
와 크롭 티셔츠를 입고 하이힐을 신고 싶지는 않다. 그럼 뭘
입을 것인가? 물론 그 결정은 일터의 분위기에 따라 달라질
것이다. 하와이안 반바지, 스포츠 샌들, 헐렁하고 편한 옷을
숭배하는 곳인가? 아니면 자유 복장을 돌체앤가바나 청바
지에 샤넬 상의를 입는 것으로 생각하는 분위기인가?

언론계에서 일반 기업으로 이직했을 때, 실제로 나는 옷
을 갖춰 입는다는 것이 캐주얼한 옷을 위아래 세트로 입는
것으로 이해해 오다가 보테가 베네타 신발을 신는 것으로
다시 이해해야만 했다. 이직한 기업에서 맞이한 첫 번째 자
유 복장 금요일에 나는 'Choose Life(삶을 선택하라)'라고 쓰
인 낡고 구겨진 흰색 티셔츠에 베이지색 카디건을 걸친 채
청바지를 입고 낡은 운동화를 신었는데 출근해서 보니 다
른 사람들은 구찌, 디올, 발렌티노의 옷과 신발로 치장한 상
태였기 때문이다. 당장 패션쇼 무대에 올라도 될 것 같았다.
그에 비하면 나는 막 쓰레기통에서 빠져나온 사람 같았다.

자유복을 입는 날에는 다른 사람에 관해 몰랐던 사실도
알 수 있다. 나는 평소 보수적이던 사람이 주황색 운동화를

일하는 사람을 위한 철학

신고 형광 노란색 파라슈트 팬츠parachute pants를 입고 나타난 모습을 보기도 했고 눈에 띄지 않던 평범한 사람이 갈색 카디건을 입고 슬리퍼를 신는 신개념 멋쟁이가 된 모습도 봤다. 가장 놀라웠던 것은 가슴팍이 삼각형 모양으로 트여 있어 맨살이 드러나는 원피스를 입은 재무팀 샤론의 모습이었다.

스토아 철학이 전하는 말

마르쿠스 아우렐리우스는 장인의 예술 작품이 즐비한, 건축학적으로도 의미가 있는 멋진 건물에서 맞춤 예복을 입으면서 자랐다. 살리이 사제단 소속 사제기도 했던 그는 가슴을 보호하는 흉갑 안에 수놓은 튜닉을 입었고 짧은 군용 망토를 둘렀으며 원뿔 모양 펠트 모자를 쓰고 숫자 8 모양의 방패도 들었다. 그러나 그는 소유물은 일시적인 것이므로 너무 집착할 필요가 없다는 사실을 잘 알았다. 그는 옷을 포함한 모든 물질적 대상을 그다지 원하지 않았다.

그는 《명상록》에 자신이 원하는 것의 실체를 살펴보는 요령을 설명해 두기도 했다. "사물이 가장 그럴듯하게 보이는 곳에서는 반드시 그것들을 시험하여 무가치함을 직접 보고, 그 사물을 실제보다 더 가치 있어 보이게 하는 말들을 전부 벗겨내야 한다. 이런 식으로 주의를 기울이지 않으면 겉모습은 엄청난 속임수가 될 수 있다. 자신의 환상이 가장 잘 구현되어 있다고 생각할 때가 가장 속기 쉬운 때다."[9]

고급 디자이너의 옷이 탐난다면 그 옷의 무엇을 원하고 있는지 파악해야 한다. 그런 스타일을 원하는 것인지, 디자인이 좋다고 생각하는지, 혹시 그 옷이 표상하는 사회적 지위와 거기에서 오는 힘을 원하는 것은 아닌지 스스로 묻고 답할 수 있어야 하는 것이다.

마르쿠스 아우렐리우스는 다른 사람들이 그 물건에 대해 어떻게 생각하는지보다 그 물건의 속성, 즉 무엇으로 만들어졌는지로 물건을 평가했다. 이 방법을 활용하면 고급 디자이너 의상의 피상적인 면에 쉽게 현혹되는 욕망과 거리를 둘 수 있다. 또 물질적인 것을 탐하는 변덕스러운 욕망에 맞서는 평정심을 기를 수 있다.

구매팀 론다가 밝은 연두색 레깅스와 발렌티노 신발을 자랑한다면, 어울리지 않는 패션 아이템을 향한 욕구를 억제할 수 있는 훌륭한 마음가짐이 나에게 있음에 감사하자.

　　　　　　　　　일하는 사람을 위한 철학

《명상록》
제12권 2절

"자신을 둘러싼 육신을 거들떠보지 않는 사람이 입고 있는 옷, 살고 있는 집, 명성, 그리고 이런 것들이 주는 화려함과 아름다움에 눈길을 주며 정신을 어지럽히는 일은 드물 것이다."

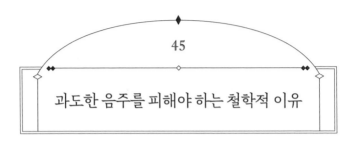

45

과도한 음주를 피해야 하는 철학적 이유

이 이야기를 어디서부터 어떻게 설명해야 할지…. 이야기의 결론부터 말하자면 직장 행사에서 술에 취하는 것은 재앙으로 치닫는 길이라는 것이다. 물론 동료들과 함께 술에 취해 자본주의 사회를 비판하고 함께 일하는 사람들의 잘못을 풀어놓는 것만큼 즐거운 일도 없다는 건 나도 잘 알고 있다. 문제는 몸에 술이 과도하게 들어가면 자제력은 불에 타버리듯 사라져서, 상사와 직장 생활의 종말을 부를 수 있는 대화도 나눌 수 있게 된다는 것이다.

기자로 일할 때, 국회의사당에서 열린 술자리에 초대받

아 동료들과 함께 간 적이 있다. 그곳의 소파는 편안했고 대화는 재미있었으며 함께한 사람들도 매력적이었다. 나와 캐롤라인은 둘 다 정치부로 온 지 3일밖에 되지 않은 때였으므로 우리는 그 자리에 있던 사람들에게 좋은 인상을 남기기 위해 노력하고 있었다. 하지만 샴페인을 들이키는 속도가 빨라지면서 둘 다 전혀 자제력을 발휘하지 못하고 있음이 분명해졌다. 소파가 약간 불편해졌고 대화는 느슨해졌으며 함께한 사람들은 약간 소란스러워졌다.

그러다가 캐롤라인이 실수로 한 정치인을 베란다에서 밀치는 바람에 상황은 급속도로 나빠졌다. 그는 발을 헛디뎌 몇 계단 굴러떨어진 다음 잔디밭에 꼼짝없이 누워 있었다. 설상가상으로 캐롤라인은 나를 끌고 한 장관에게 가더니 내 손을 꼭 잡고 "이 사람, 남자 친구로 어떠세요?"라고 말했다(여러분도 알다시피 나는 여자다). 그 후에는 오스트레일리아 정부 장관에게 다가가 국가에 대한 자신의 비전을 늘어놓았다. 하지만 어찌나 횡설수설했는지 장관의 얼굴에 침만 잔뜩 튀겼다. 그런 다음 빈 잔을 장관의 얼굴에 들이밀며 "술 더 주세요오오오!"라고 말했다. 장관은 소리를 내진 않으면서 수석 보좌관에게 '도와줘'라고 입을 벙긋거렸다.

다음 날 우리는 머리가 멍하고 평판이 위태로워진 상태에서 기자회견장에 갔다. 그곳에 들어서자 우리가 국회의 사당에서 저지른 작은 사고 소식이 다른 기자들 사이에 퍼졌음을 분명히 알 수 있었다. 모여 있던 기자들과 정치인들이 걸어가는 우리를 향해 애매한 표정을 지은 채 천천히 박수쳤기 때문이다. 캐롤라인과 내가 염소와 결혼한 남자를 취재하게 된 것은 조금도 놀랍지 않았다. 정치부 기자로 품은 우리의 열망은 발굽 달린 신부와 결혼한 남자의 결혼 기간만큼 짧게 지속되었다.

스토아 철학이 전하는 말

고대 스토아 철학자들이 술 한두 잔 정도도 마시지 않았다고 말할 증거는 없다. 그러나 이들에게 중요한 것은 절제였음이 분명하다. 당시에는 와인을 물에 타서 연하게 마시지 않으면 교양이 없다고 여겼다. 실제로 마르쿠스 아우렐리우스와 세네카를 비롯한 여러 스토아 철학자가 존경한 시인 헤시오도스는 물과 와인을 3대 1 비율로 섞어 마시기를 권했다. 절제된 음주를 권장한 것이다. 캐롤라인이 이 비

일하는 사람을 위한 철학

율을 지켜 물과 섞은 샴페인을 마셨다면 오스트레일리아 정부 장관의 얼굴이 술에 취한 기자의 침으로 뒤덮이는 일은 일어나지 않았을지도 모른다.

세네카는 정신이 불안할 때면 술이 치료제가 될 수도 있다고는 생각했으나 술에 취하면 판단 능력이 흐려지기 때문에 취하지는 말라고 조언했다. 유쾌함을 장려한 스토아 철학자들은 술을 마시면 고민이 씻겨 내려가고 상처가 치유되며 지나친 걱정에서 벗어날 수 있다고 믿었다. 일 때문에 받은 스트레스를 풀겠다며 열 잔을 들이키는 것이 아닌 친구들과 기분 좋게 한두 잔 마시는 정도를 이야기한 것이니 오해하지 말자.

세네카는 일과 여가가 균형 잡힌 삶을 살아야 한다고 주장했는데, 여가에는 가벼운 음주도 포함되었다. 그는 이런 말을 남겼다. "술에 취한 죄를 솔직하게 따져 묻고 그 악덕을 폭로하는 것은 얼마나 좋은 일인가! 갈증을 해소하는 정도로 만족하는 완벽한 현인은 말할 것도 없고, 선량한 보통 사람조차 술에 취하는 것은 피한다. 현인은 이따금 친구 때문에 유쾌한 기분에 이끌려 평소보다 더 많이 마시더라도, 언제나 술에 취하는 것에는 미치지 않는다."[10] 그러니까 술은 약간은 괜찮지만 너무 많이 마셔서는 안 된다.

《명상록》
제5권 1절

"휴식 없이는 삶도 없다. 그러나 자연은 먹고 마시는 데 제한을 두었다. 그런데도 너는 대체로 한계를 지나쳐 충분함을 넘어선다."

일하는 사람을 위한 철학

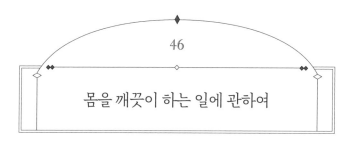

46

몸을 깨끗이 하는 일에 관하여

1980년대에 어머니는 채용 알선 회사를 설립했다. 인터 넷이 없던 때였고 어머니가 직접 고객과 임시 직원을 만나 그들을 잘 관리한 덕분에 회사는 번창했다. 회사 임시 직원 들은 다양한 고객사에 단기 계약직으로 파견되었고 대체로 모든 일이 순조롭게 이루어졌다. 하지만 이따금 문제가 생 기기도 했다. 한번은 어느 고객사가 어머니에게 전화를 걸 어 파견된 직원 한 명의 몸에서 지독한 냄새가 난다고 불평 한 적이 있었다. 고객사에서는 어머니가 그 문제를 해결해 주기를 바랐고 문제가 해결되지 않으면 그 직원을 다시 고용하지 않겠다고 했다.

멀끔해 보이는 아나스타샤는 코를 찌르는 체취를 제외하면 문제 될 게 없어 보였다. 어머니는 그녀를 사무실로 부른 다음 하기 힘든 말을 조심스레 꺼냈다. "아나스타샤, 정말 잘하고 있어요. 다들 일 잘한다고 하더군요. 그런데 아주 사소한 문제가 하나 있어요. 데오드란트를 쓰면 좋을 것 같아요. 동료들을 위해서 말이에요. 이것 말고는 다 좋아요!"

오늘날 고용주와 직원 사이에 이런 대화가 오갔다면 인사팀 직원들이 심한 두통을 겪게 되었을 것이다. 어머니의 말을 들은 아나스타샤는 왈칵 눈물을 쏟아냈다. 그녀는 이일로 남자 친구에게 전화를 걸어 하소연했고 그녀의 남자 친구는 사무실로 달려와 엄마를 만났다. 그러고는 여자 친구에게는 문제가 없다고, 오히려 향기가 난다고 우겼다.

어머니는 두 사람이 회사 밖으로 나갈 때까지 예의를 지키며 고개만 끄덕였고 내게는 이렇게 말했다. "문제는 그 남자 친구라는 사람에게서도 코를 찌르는 냄새가 났다는 거야."

아나스타샤는 다시 냄새를 풍기며 사무실로 출근했고, 고용주는 그녀를 가까이에 아무도 없는 자리로 옮겼다. 이뿐만 아니라 상쾌함을 느끼고 싶은 사람은 누구나 이용하라면서 공용 공간에 데오드란트를 놔두기도 했다. 아나스타샤는

일하는 사람을 위한 철학

얼마 지나지 않아 회사를 그만두었다.

오늘날 이런 문제가 발생한다면 법적 파장이 일 수도 있으므로 보다 조심스럽고 섬세하게 접근해야 한다. 고약한 냄새를 풍기는 당사자를 친절하게 대하되 지켜야 하는 개인위생 기준을 명확히 설정해 알려주고 당사자가 문제를 해결할 수 있는 시간과 공간을 제공해야 한다. 마지막으로, 이 문제를 논의할 장소를 정할 때는 반드시 열리는 창문이 있는 회의실을 골라야 한다.

스토아 철학이 전하는 말

지금쯤이면 잘 알고 있겠지만 스토아 철학의 핵심 원칙 중 하나는 자신의 권한 안에 있는 일에 집중하고 그렇지 않은 일에는 신경 쓰지 않는 것이다. 상쾌한 기분으로 하루를 시작해도 업무에 치이고 뜻밖의 우여곡절과 스트레스를 마주하는 바람에 하루가 끝날 무렵에는 10대 청소년의 침실에서 날 법한 냄새가 날 수 있다. 그러나 일터에서 내 체취를 관리하는 것은 내 권한 안에 있는, 스스로 통제할 수 있는 일이다.

고대 로마 시대에도 청결은 중요하게 여겨졌다. 마르쿠스 아우렐리우스는 지상의 삶에서 묻은 때를 씻어내는 일을 강조했고 세네카는 열심히 일하는 사람은 몸의 청결을 관리한다고 언급했다. 그러나 호화 목욕탕에서 사치를 누리지는 말라고 경고했다. 그러면서 제2차 포에니 전쟁에서 카르타고를 상대로 승리하는 데 중요한 역할을 한 로마 장군이자 정치가 푸블리우스 코르넬리우스 스키피오를 예로 들었다. 스키피오는 자신의 농가에 있는 좁고 컴컴한 목욕탕을 이용했는데 힘든 하루를 보낸 날에는 종종 쌓인 땀과 고단함을 씻어내지 않았다. 그러니까 열심히 일하는 사람이라면 암내가 약간 나는 정도는 괜찮을지도 모르겠다.

《명상록》
제7권 31절

"단순함과 겸손으로, 옳고 그름을 제외한 모든 것에 대한 무관심으로 자신을 깨끗하게 하라."

일하는 사람을 위한 철학

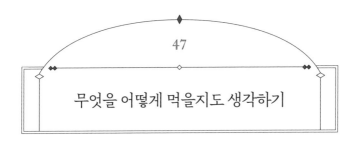

47

무엇을 어떻게 먹을지도 생각하기

동료가 크루통을 얹은 블루치즈 샐러드를 먹을 때 나는 냄새와 소리는 다른 사람의 회복력을 시험하고 생산성을 떨어뜨리기도 한다. 그래서 책상에서 음식을 먹는 것을 아예 금지하는 회사도 있다. 하지만 내 자리에서 점심을 먹는 건 직장 생활의 큰 낙이지 않은가! 탕비실에서 동료들과 강제로 대화를 나누어야 한다는 부담감을 내려놓고 누구의 방해도 받지 않고 일을 계속할 수도 있다.

탕비실에서는 드라마 같은 순간이 펼쳐지기도 한다. 탕비실을 드나들 때면 가장 만나고 싶지 않은 사람과 마주치게 되는데 나는 치킨 샐러드에 들어 있는 양상추를 꼭 한 잎씩 집어먹는 사업개발팀 리앤이나 입가에 마요네즈를 묻힌 채 달걀 샌드위치를 욱여넣는 대외협력팀 스티브를 자주 만났다. 그리고 재택 근무할 때는 싫어하는 동료와 마주칠 걱정 없이 냉장고로 가면 되지만 사무실로 출근하면 사람들 틈을 지나다녀야 하고 누군가와 동시에 탄산수 메이커에 손을 뻗으면 사과해야 한다.

함께 점심을 먹을 때는 다른 사람과 속도를 맞추고, 가능하면 소리 내지 않으면서 먹어야 한다. 끼니를 때우는 정도로 생각해 간단한 점심 식사를 가져오면 동료 크리스티와 게리가 끝없는 잔소리의 장을 펼친다. 이 둘은 매사에 군인 같은 정확성을 추구하기 때문에 직장 동료 누구라도 자신들의 기준에 미달하는 태도를 용납하지 않는다.

회의 중에 크래커를 먹거나 소스가 흥건한 샌드위치를 먹거나 배 속이 부글거리는 콩 샐러드를 먹거나 이에 잘 끼는 타불리 샐러드(파슬리, 토마토, 쪄서 말린 밀, 파 등을 모두 잘게 다져서 만드는 샐러드—옮긴이)를 먹으면 의도하지 않았더라도 다른 이의 시선을 끌 수 있다. 이런 이유에서 나는 종종 점심으로 펀 사이즈 초콜릿 바를 먹는다. 소란 피울 일도 없고 수다 떨 기회도 최소화할 수 있으니 말이다.

일하는 사람을 위한 철학

스토아 철학이 전하는 말

스토아 철학자들이 절제를 중요한 덕목으로 생각했음을 이제 알았다면 그들이 너무 화려하지 않은 소박한 음식을 좋아했다는 사실에 놀라지도 않을 것이다. 마르쿠스 아우렐리우스는 음식을 일할 때 필요한 연료로 생각했고, 몸에 좋은 것을 골라 빠르게 먹었다. 기름진 음식과 값비싼 와인은 탐닉하지 않았다.

무슨 음식을 어떻게 먹는지는 자신을 단련할 기회며 몸에 좋은 식재료로 건강한 식단을 구성해 먹는 것은 건강한 삶의 토대가 되어준다. 스토아 철학자들은 곡물과 채소류를 많이 먹었고 준비 시간이 오래 걸리지 않는 소박한 음식을 먹음으로써 매일 시간을 아꼈다. 또 매일 케이크를 원하는 만큼 잔뜩 먹는 대신 일주일에 한 번 조금만 먹는 실천을 해냈다.

안토니누스 피우스는 소박한 식단 덕분에 화장실을 자주 가지 않았고 일할 때는 오랜 시간 동안 중단하지 않고 집중할 수 있었다. 세네카는 식습관이 좋으면 운동 시간을 줄일 수 있으므로 철학을 탐구하고 실천하는 데 쓸 소중한 시간이 늘어난다고 생각했다.

스토아 철학자들이 오후 간식으로 프레첼이나 땅콩 캐러멜을 수시로 집어 먹는 모습은 상상조차 하기 어렵다. 그렇다고 간식 자체를 싫어하지는 않았다. 에픽테토스는 삶 전반에 적용해도 무리가 없을 만한 연회 에티켓을 조언하기도 했다. 그가 강조한 것은 간식을 독차지하지 말라는 이야기였다. "삶에서도 연회장에서처럼 행동해야 한다는 것을 기억하라. 무언가가 사람들 사이를 돌다가 나에게 오면 손을 뻗어서 그중 일부를 공손하게 덜어라. 그리고 다음 사람에게 건네줘야 하니 오래 붙들고 있지 마라. 그것이 아직 내게 오지 않았다면 그것을 만나고 싶은 욕망을 내비치지 말고 차례가 되어 내 앞에 올 때까지 기다려라. 자녀, 아내, 일, 부富를 대할 때도 이처럼 하라."[11]

스토아 철학자들은 의식적이고 예술적인 방식으로 음식을 대했다. 앞에 놓인 것을 생각 없이 닥치는 대로 먹어 치우지 않았고 고기를 먹을 때면 그 고기가 어떻게 이 접시에 올라오게 되었는지도 깊이 생각했다. 내 생각에 그들은 먹을 때도 매우 조심스럽게 먹었을 것 같다. 가까이 있는 사람에게 삶은 달걀이나 생선 냄새를 풍기지도 않았을 테고 책상에 앉아 다른 사람들에게 씹는 소리가 똑똑히 들리도록 대놓고 사과를 먹지도 않았을 것이다.

일하는 사람을 위한 철학

《명상록》
제10권 35절

"건강한 눈은 그 눈으로 볼 수 있는 모든 것들을 보아야 하고, 나는 오직 녹색만 보겠다고 말해서는 안 된다. 그렇게 말하는 것은 그 눈이 병들었음을 보여주는 징후다. 마찬가지로 귀와 코가 건강하면 모든 것을 듣고 맡는다. 튼튼한 위장은 모든 종류의 곡식을 빻는 방앗간과 같이 그 안으로 들어오는 모든 것을 처리한다."

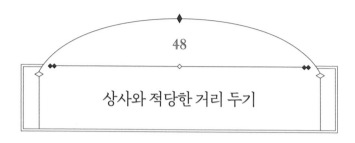

48

상사와 적당한 거리 두기

회사에서 하지 말아야 하는 일 중 가장 중요한 게 무엇이 냐는 질문에 내 친구는 이렇게 대답했다. "상사와 로맨스로 얽히면 안 돼. 직장에서 겪을 수 있는 온갖 복잡한 일 중에 서 이걸 이길 만한 일은 없어." 어찌 보면 당연한 말이다. 그 런 일은 직급이 낮은 사람들에게 정말 위험하다. 일이 잘못 됐을 때 불이익을 당할 수도 있기 때문이다.

상사와의 사이에서 튄 불꽃이 로맨스로 바뀌려 한다면 한 발짝 물러서서 그 사람의 탐탁지 않은 면에 초점을 맞춰 볼 필요가 있다. 이를테면 가까이에서 아삭아삭 소리 내며

일하는 사람을 위한 철학

사과를 씹어 먹는다든지. 내가 뭘 쓰고 있는지 보려고 화면을 흘끔댄다든지 도저히 다 처리할 수 없을 정도로 많은 업무를 주고 잘한 일을 절대 칭찬하지 않는다든지…. 떠올려 보면 꽤 많을 것이다.

그런데도 사무실 로맨스가 흔한 이유는 무엇일까? 어느 컨설턴트의 설명에 따르면 회사에는 연애 관계로 발전하기 쉬운 조건이 형성되어 있다. 일은 본질적으로 스트레스가 따르기 마련이고 까다로운 사람들, 촉박한 마감일, 복잡한 문제에 함께 대처하다 보면 동고동락하는 사람과 정이 들기 쉬운 것이다.

자신을 위로하고 정신적 스트레스에서 벗어나기 위해 로맨스에 만족하지 않고 더 나아가서 성적인 관계로 해소하려는 심리적 메커니즘을 가진 사람들도 있다. 팀의 연대감을 개인적 친밀감으로 오해하기 쉬운 것도 이유가 될 수 있다.

또 동료 간의 로맨스보다 상사와 부하직원 간의 로맨스가 더 흔하다. 상사가 쥐고 있는 권력이 어떤 매력으로 작용하는 것이 틀림없다. 그래서 머리를 빗어 넘겨 벗겨진 이마를 가리고 우스꽝스러운 바지를 입은, 코털이 비죽 나온 사람이 별안간 매력적으로 보일 수 있는 모양이다.

스토아 철학이 전하는 말

스토아 철학자들은 인간의 발전을 가로막는 네 가지 욕정이 있다고 생각했다. 미래와 연관된 욕망과 두려움, 현재와 관련된 쾌락과 고통이 바로 그것이다. 마르쿠스 아우렐리우스는 욕망은 자신의 통제력 안에 있는 행동으로만 발현되어야 한다고 생각했다.

그는 직장 내 로맨스의 위험성을 잘 알고 있었을 것이다. 그의 아내 파우스티나가 로마에서 매력적이기로 유명한 젊은 검투사들과 불륜을 저질렀기 때문이다. 그럼에도 불구하고 마르쿠스 아우렐리우스는 파우스티나가 죽은 뒤에도 계속 그녀만 생각했다고 한다. 끝까지 절제와 정의라는 중요한 덕목을 지켜낸 것이다.

그러면서도 마르쿠스 아우렐리우스는 자신에게 좋지 않은 것을 강하게 원하는 것이 정상적인 욕구라고 인정했다. 남은 파인애플 피자로 끼니를 때우는 것은 스토아 철학의 틀 안에서 사는 것과는 거리가 있지만 나는 이 이야기를 쓰고 있는 동안에도 파인애플 피자를 참지 못했다(과일이 들어 있으니 괜찮지 않을까… 생각했다).

에픽테토스 역시 이 문제에 관해서 언급했다. "우리의 목표는 지나친 억제에서 벗어나 욕망을 회피하려는 혐오와도 함께 사는 것이어야 한다. 그렇다면 이것은 무엇을 말하는가? 욕망하는 것에 실망하지 말고 회피하고 싶은 것에 빠지지도 말라는 뜻이다."[12]

《명상록》
제2권 10절

"그러나 쾌락에 압도되어 욕망으로 날뛰는 자는 자신에 대한 통제와 인간답게 해주는 절제를 모두 잃고 만다."

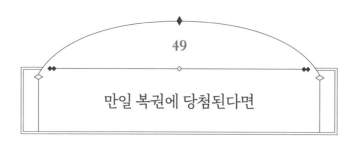

49

만일 복권에 당첨된다면

일에 필요한 동기 부여가 되지 않고 직장 동료들 때문에
괴로운 상황에서 벗어나는 확실한 해결책은 복권에 당첨되
는 것이다. 그러면 악덕한 상사에게 화성에 있는 미생물도
당신보다는 재능이 뛰어날 것이라고 말해도 된다.

그렇다면 복권 당첨 확률을 알아보자. 오스트레일리아
오즈로또OzLotto에 당첨될 확률은 4537만 9620분의 1이
고 유로밀리언스EuroMillions는 1억 4000만분의 1, 파워볼
Powerball은 2억 9220만 1338분의 1이다. 당첨 확률이 가장
높은 복권은 아이리시 로또Irish Lotto로, 1073만 7573분의

1이다. 좌절감이 든다.

복권을 사면 되겠다는 생각이 정말 맞는 걸까? 퀸즐랜드 대학교 교수이자 수학자 피터 애덤스의 계산에 따르면 오스트레일리아에서 사람이 벼락에 맞을 확률은 1만 2,000분의 1이다. 우주에 버려진 쓰레기 때문에 10년 이내에 누군가가 사망할 확률은 그보다 높은 10분의 1이다. 분명한 것은 이렇게 낮은 확률에 정신을 쏟는 태도는 원하는 것을 얻기 위해 열심히 노력하는 일에 방해가 된다는 것이다.

복권 당첨 확률을 높인다고 알려진 몇 가지 방법이 있다. 그나마 당첨 확률이 좀더 높은 복권을 구입하거나 공동 구매에 참여하거나 더 자주 구입하는 것이다. 이는 (사람들이 복권을 더 자주 사기를 바라는) 로또랜드에서 한 말이다.

코로나19 팬데믹이 시작되었을 때 친구가 복권에 당첨되어 수백만 달러짜리 집과 자동차와 골드바를 받았다는 소식을 들었다. 오랫동안 쉬지도 못하고 일하던 나와 주변 친구들은 이 소식을 듣고 우주의 불공평함을 깊이 생각하며 우울해졌다. 친구가 당첨된 걸 보고 복권이 사기가 아니라는 것을 알게 되어 기뻐할 수도 있지만 실제로 그럴 가능성은 매우 낮다.

혹시라도 운이 좋아서 1등 복권에 당첨되면 계속 일할 것인가, 그만두기로 하고 퇴사 통보 후 최소 기간만 채울 것인가, 아니면 책상 위에 마시다 만 커피와 반려견 바니의 사진까지 그대로 놔둔 채 흔적도 없이 사라질 것인가?

슬프게도 행복해질 확률을 높이는 방법은 이런 공상에 빠지지 않고 열심히 일하면서 기회가 되면 월급쟁이라는 족쇄에서 벗어날 수 있도록 부업을 준비하는 것이다. 순진한 사람들 틈에 껴 복권에 돈을 펑펑 써본 사람이라면 잘 알겠지만 당첨되지 않으면 그동안 펼친 상상의 나래를 접고 고통의 나락으로 향하게 된다.

스토아 철학이 전하는 말

마르쿠스 아우렐리우스가 열여덟 살에 황실 후계자 안토니누스 피우스에게 입양된 일은 복권에 당첨된 것이나 다름없었다. 그렇게 마르쿠스 아우렐리우스는 부유한 가정과 평생직장을 가지게 되었으나 그로 인해 겪는 어려움에서 빠져나올 수도 없었다. 그러나 그는 행운은 스스로 만드는 것이라고 믿으며 낙관적 태도를 유지했다.

실제로 운이라는 것은 변덕스러워서 한순간에 바뀔 수

일하는 사람을 위한 철학

있으므로 운에만 의지하는 태도는 바람직하지 않다. 정상에 있다가도 혼란과 실의의 바다에서 헤엄치게 되는 순간을 마주한다. 그 순간이 지나고 나면 내가 처한 상황이 크게 뒤바뀌어 있다.

나의 행복을 스스로 통제할 수 없다면 살면서 경험하는 예기치 못한 운의 변화에 크게 영향받을 수밖에 없다. 재산과 지위, 다른 사람들의 의견, 외모, 일기 예보 같은 것들은 내가 쉽게 바꿀 수 없다. 좋은 일이든 나쁜 일이든 운에 좌우되는 모든 일에 무심하면 삶의 흐름이 바뀔 때를 대비할 수 있고 회복력도 길러진다. 그렇게 독립적으로 삶을 꾸려 갈수록 자신의 위치는 더 안정될 것이다. 그리고 잔인하고 변덕스러운 운의 지배를 덜 받게 될 것이다.

세네카는 운에 관해 여러 번 말했다. "운의 힘은 가혹하고 아무도 꺾을 수 없다. 우리가 고통받아 마땅한 일과 그렇지 않은 일 모두 운의 뜻에 달려 있다. (…) 변덕스럽고 노예를 소홀히 대하는 안주인처럼, 운의 보상과 징벌 모두 변덕스러울 것이다. 그러니 삶의 어느 시기에 눈물 흘릴 일이 뭐가 있겠는가? 삶 전체가 눈물 나는 것을."[13]

행운은 우리가 전혀 통제할 수 없는 영역에 들어 있다. 그러다 애당초 태어났다는 것 자체가 가장 큰 행운이라는 사실을 기억할 필요가 있다. 태어나지도 못하는 것보다는 돈 다발을 손에 쥐지 못했다는 실망감을 경험하는 편이 더 낫다. 태어나지 않았다면 매일 출근해 동료들과 대화하면서 드는 생각과 기분을 알 기회조차 없었을 것이다.

스토아 철학의 지혜를 조금만 참고하면 살아 있음에 감사할 수 있을 뿐만 아니라 일터의 삶을 더 잘 꾸려나갈 수 있고(일이 잘 풀리는 날에는 일을 더 의미 있게 여길 수도 있다), 일이라는 세계를 진정으로 이해할 수 있을 것이라고 확신한다.

《명상록》
제5권 36절

"나는 한때 운 좋은 사람이었지만 그 운은 이제 잃어버렸다. 하지만 진정한 행운은 자신이 정하는 것이다. 진정한 행운은 영혼의 선한 성향, 선한 감정들, 선한 행동들에 있다."

❖ 감사의 말 ❖

가장 먼저 땅콩 엠앤엠즈와 왜건 휠스 비스킷을 만든 이에게 감사 인사를 하고 싶다. 이 두 가지가 직장인으로 일하고 10대 자녀들과 고양이 두 마리와 이사 들어온 달팽이(1부 〈뭐라도 하면 결국 뭐라도 해낸다〉 참고)를 돌보느라 씨름하면서도 늦은 밤과 이른 아침에 글을 쓸 수 있게 하는 힘이 되어주었다.

그리고 자료 조사를 도와준 앤서니 콘제도에게 감사하다. 자신의 전문 분야인 로마 역사에서 더 나아가 마르쿠스 아우렐리우스의 지혜와 화장실에서 프레첼 먹는 동료에 대처하는 상황을 연결하는 창의적인 고리를 찾아주었다. 그의 꼼꼼한 조사 덕분에 흥미로운 역사적 통찰도 해낼 수 있었고 조금 더 신뢰를 주는 글로 완성할 수 있었다. 또 언제나 우리 집을 사람이 살 만한 상태로 유지해 주고 아이들과 고양이들을 사랑으로 잘 키워주어서 고맙다.

머독북스 출판사의 제인 윌슨이 아니었다면 이 책은 그저 내 상상 속 산물로만 남았을 것이다. 그녀의 능력은 이세상을 초월한 곳에서 온 게 아닐까 싶을 정도로 늘 대단했다. 이메일 끝인사를 다루는 글은 그녀가 과감한 결정을 내려준 덕분에 잘 마무리할 수 있었고 서문의 일부분을 수정해 줌으로써 이 책이 일터에서 스토아 철학의 영감이 필요한 독자들에게 (바라건대) 재미와 정보를 주도록 이끌었다.

다정한 칭찬을 곁들이며 노련하고 전문가답게 이끌어 준 저스틴 울퍼스 편집장에게도 진심 어린 감사를 전한다. 그의 비전과 기술, 경험은 높이 평가받아 마땅하다. 뛰어난 편집자 줄리언 웰치도 빼놓을 수 없다. 그는 재능, 따뜻함, 통찰력을 발휘해 거친 원고를 매끄럽게 다듬어 주었고 매우 색다른 주제도 《명상록》과 일관성 있게 연결해 주었다. 또 참고 문헌을 정리하는 힘든 단계에서 그가 보여준 인내와 끈기는 그야말로 '스토아적'이었다.

　　　　　　　　일하는 사람을 위한 철학

'어마어마한 삼각 연대' 모임을 함께한 두 명의 동료에게도 고맙다고 말하고 싶다. 회사에서 압박감, 마감일, 한 동료의 위생 문제 때문에 괴로울 때도 두 사람 덕분에 매일 웃을 수 있었다. 그뿐 아니라 이 책을 쓰는 데도 영감을 주었다. 우리가 사무실에서 주고받던 농담을 팟캐스트 소재로 쓸 수 있도록 계속 로비할 생각이다.

던스턴 파워에게도 고맙다. 그가 보여준 우정과 응원, 그리고 제안해 준 편집 아이디어 덕분에 몇몇 일화를 더 좋게 다듬을 수 있었다. 던스턴은 시차가 있는 곳에 사는 덕분에 말도 안 되는 시간에도 나를 채찍질해 주었다. 그는 스토아 철학의 미덕을 몸소 보여주기도 했다. 회사를 운영하고 밴드에서 드럼을 연주하고 아이들에게 훌륭한 부모 역할을 하면서도 스릴러 소설《빈 밧줄The Empty Rope》을 완성해 바빠도 효율적인 삶이 가능하다는 것을 알려주었다.

직장 생활에 관해 이야기해 준 기자 시절 동료들, 벨벳 부스 골스, 로리를 비롯한 다른 친구들, 가족과 전 직장의 (적과) 동료에게도 감사하다. 또 시청각 자료를 지원해 준 사랑스러운 케이트 아노트, 캐서린 치점에게 고마움을 전한다. 너희 둘 다 최고야. 내 형제자매 샘과 세리나에게도 고맙다고 해야 다음번 가족 모임 때 어색하지 않을 것 같다. 고마워! 고양이 요시와 부에게도 감사를 전한다. 이 귀여운 털 뭉치들은 말을 못 한다는 이유만으로 최고의 동료가 되어준다.

끝으로 몇 달 동안 책 쓰는 데 몰두하며 괴로워하느라 육아와 가사에 소홀한 엄마를 참아준 헨리와 피니에게 따뜻한 애정을 담아 고마움을 전하고 싶다. 아이들 덕분에 현실 감각을 잃지 않으며 글을 쓸 수 있었다. 특히 두 아이에게 이 책을 읽을 것인지 물었을 때 돌아온 대답이 큰 도움이 되었다. "길이가 얼마나 긴지 봐서요."

◆주

마르쿠스 아우렐리우스의 여러 《명상록》 판본 중 참고한 책은 다음과 같으며 주석에는 각 판본의 저자 성만을 괄호 안에 표기하였습니다.

- Jeremy Collier, *The Meditations of Marcus Aurelius*, George Routledge&Sons, London, 1894.
- Gregory Hays, *Meditations*, The Modern Library, New York, 2002.
- C. Scot Hicks&David V. Hicks, *The Emperor's Handbook: A New Translation of The Meditations*, Simon&Schuster, New York, 2002.
- Francis Hutcheson&James Moor, *The Meditations of the Emperor Marcus Aurelius Antoninus*, Liberty Fund, Carmel, IN, 2008.
- George Long, *The Thoughts of the Emperor Marcus Aurelius Antoninus*, Little, Brown and Company, Boston, 1889.

국내에 다수 번역된 세네카, 에픽테토스의 저서는 원저 제목만을 표기하였습니다.

서문

1 Seneca, *Letters from a Stoic.*
2 *Meditations*, 4.7 (Collier).
3 *Meditations*, 5.20 (Hays).
4 *Meditations*, 8.51 (Collier).

1부 눈치와 말로 싸우는 현대 전쟁터에서 살아남는 법

1 *Meditations*, 8.22 (Hutcheson & Moor).
2 *Meditations*, 4.23 (Long).
3 *Meditations*, 9.5 (Hays).
4 Neel Burton, 'Laziness can be productive. You just need to put some work into it', *Scroll.in*, 2019.10.19.
5 Dio Cassius, *Roman History*, vol. IX, book 72.
6 Epictetus, *Discourses.*

7   *The Correspondence of Marcus Cornelius Fronto with Marcus Aurelius Antoninus, Lucius Verus, Antoninus Pius, and Various Friends*, vols 1–2, translated and edited by C.R. Haines, Loeb Classical Library, Harvard University Press, Cambridge, MA, 1919.

8   *Meditations*, 12.3 (Long).

9   Steven D. Levitt, 'Heads or tails: The impact of a coin toss on major life decisions and subsequent happiness', *Review of Economic Studies*, vol. 88, no. 1, 2021, pp.378–405.

10 Seneca, *On the Shortness of Life*.

11 Seneca, *On the Shortness of Life*.

12 *Meditations*, 2.5 (Collier).

13 Oliver Burkeman, Four Thousand Weeks: Time Management for Mortals, Penguin, New York, 2021. (《4000주》, 21세기북스, 이윤진 옮김)

14 Seneca, *On the Shortness of Life*.

15 Seneca, *On the Shortness of Life*.

16 'Why happiness lies somewhere between boredom and fear', *Sydney Morning Herald*, 2021.12.19.

17 *Meditations*, 3.12 (Collier).

18 *Meditations*, 9.32 (Collier).

19 *Meditations*, 10.11 (Collier).

20 *Meditations*, 8.32 (Collier).

21 *The Correspondence of Marcus Cornelius Fronto with Marcus Aurelius Antoninus, Lucius Verus, Antoninus Pius, and Various Friends*, vol. 2, translated and edited by C.R. Haines, Loeb Classical Library, Harvard University Press, Cambridge, MA, 1920.

22 *Meditations*, 6.30 (Collier).

23 *Meditations*, 5.1 (Collier).

24 'Where next for management's consiglieri?', *The Economist*, 4 October 2022.

25 *Meditations*, 11.18 (Collier).

26 *Meditations*, 11.18 (Collier).

27 *Meditations*, 2.1 (Long).

28 *Meditations*, 7.71 (Collier).

29 *Meditations*, 7.55 (Collier).

30 *Meditations*, 4.49 (Long).

31 *Meditations*, 6.30 (Collier).

32 *Lives of the Later Caesars*, translated and edited by A. Birley, Penguin Books, London, 1976, p.136.

33   *Meditations*, 6.48 (Long).
34   *Meditations*, 7.29 (Collier).
35   *Meditations*, 2.11 (Collier).
36   Seneca, *Moral Letters to Lucilius*.

2부 마르쿠스 아우렐리우스처럼 위기 다스리기

1   *Meditations*, 4.24 (Collier).
2   *Meditations*, 2.5 (Collier).
3   *Meditations*, 4.3 (Long).
4   *The Correspondence of Marcus Cornelius Fronto with Marcus Aurelius Antoninus, Lucius Verus, Antoninus Pius, and Various Friends*, vol. 2, translated and edited by C.R. Haines, Loeb Classical Library, Harvard University Press, Cambridge, MA, 1920.
5   *Meditations*, 11.18 (Collier).
6   *Meditations*, 8.21 (Long).
7   *Meditations*, 4.20 (Long).
8   Epictetus, *Discourses*.
9   *Meditations*, 4.49 (Collier).
10   *Meditations*, 4.32 (Collier).
11   *Meditations*, 5.16 (Collier).
12   *Meditations*, 12.22 (Collier).
13   *Meditations*, 7.58 (Collier).
14   C. Northcote Parkinson, *The Law*, John Murray, New York, 1979, p.185.
15   Seneca, *Moral Letters to Lucilius*.
16   Seneca, *On Providence*.
17   Seneca, *On Providence*.
18   Ryan Holiday, *Ego Is the Enemy*, Profile Books, London, 2016.(《에고라는 적》, 흐름출판, 이경식 옮김)
19   *Meditations*, 6.51 (Long).

3부 내 마음 같지 않은 사람들과 잘 지내는 법

1   *Meditations*, 2.1 (Long).
2   *Meditations*, 2.1 (Hammond).
3   Diogenes Laertius, *Lives of Eminent Philosophers*, Oxford University Press,

2018.

4 *Meditations*, 6.53 (Long).

5 *Meditations*, 6.38 (Collier).

6 *Meditations*, 8.1 (Collier).

7 *Meditations*, 9.9 (Collier).

8 Epictetus, *Discourses*.

9 *Meditations*, 12.27 (Collier).

10 *Meditations*, 5.6 (Collier).

11 *Meditations*, 8.5 (Hays).

12 Epictetus, *Discourses*.

13 *Meditations*, 9.23 (Collier).

14 *Meditations*, 6.54 (Long).

15 Seneca, *Epistles*.

16 Seneca, *Of Peace of Mind*, XV.

17 Epictetus, *Discourses and Selected Writing*.

4부 나를 소모하지 않는 생각법

1 *Meditations*, 4.3 (Collier).

2 *Meditations*, 4.3 (Collier).

3 *Meditations*, 12.4 (Collier).

4 *Meditations*, 12.17 (Long).

5 *Meditations*, 6.42 (Hutcheson & Moor).

6 Aaron Patrick, 'Ashurst should accept its purpose is not extraordinary', *Australian Financial Review*, 2022.07.22.

7 *Meditations*, 3.11 (Collier).

8 *Meditations*, 8.35 (Collier).

9 *Meditations*, 11.33 (Collier).

10 Lucy Kellaway, 'How I lost my 25-year battle against corporate claptrap', *Financial Times*, 2017.07.16.

11 *Meditations*, 4.26 (Collier).

12 *Meditations*, 6.15 (Long).

13 *Meditations*, 7.22 (Collier).

5부 사소하지만 중요한 이야기

1 Emma Seppälä, 'Happiness research shows the biggest obstacle to creativity is being too busy', *Quartz*, 2017.05.08.
2 *Meditations*, 7.61 (Long).
3 *Meditations*, 5.12 (Collier).
4 *Meditations*, 8.51 (Collier).
5 *Meditations*, 5.9 (Collier).
6 Libby Sander, 'The case for finally cleaning your desk', Harvard Business Review, 2019.03.25.
7 Seneca, *On the Shortness of Life*.
8 Epictetus, *Discourses*.
9 *Meditations*, 6.13 (Collier).
10 Seneca, *Letters from a Stoic*.
11 Epictetus, *Discourses*.
12 Epictetus, *Discourses*.
13 Seneca, *Of Consolation*.

옮긴이 박지선

동국대학교에서 영어영문학을 전공하고 성균관대학교 번역대학원에서 번역학과 석사 과정을 마쳤다. 대형 교육기업에서 영어교재 개발, 편집 및 영어교육 연구직으로 근무한 뒤에 출판번역가가 되었다. 현재 출판번역 에이전시 글로하나와 함께 인문, 심리, 소설 등 다양한 분야의 영미서 검토와 번역에 매진하고 있다. 옮긴 책으로는 《생각 중독》, 《퀴팅》, 《내가 빠진 로맨스》, 《핵가족》, 《몸으로 읽는 세계사》 등 30여 권이 있다.

나를 소모하지 않고 내면의 힘을 키우는 스토아 철학 안내서

일하는 사람을 위한 철학

초판 1쇄 인쇄 2025년 1월 23일
초판 1쇄 발행 2025년 2월 13일

지은이 애니 로슨
옮긴이 박지선

펴낸이 임경진, 권영선
편집 여인영, 김민진 **마케팅** 최지은, 배희주

펴낸곳 ㈜프런트페이지
출판등록 2022년 2월 3일 제2022-000020호
주소 경기도 파주시 회동길 37-20, 204호
전화 070-8666-6190(편집), 031-942-0203(영업)
팩스 070-7966-3022
메일 book@frontpage.co.kr

ISBN 979-11-93401-38-5 (03100)

만든 사람들
편집 여인영 **디자인** 어나더페이퍼 **일러스트** 부쓰부(BOOxBOO)
제작 357제작소 **마케팅** 최지은, 배희주